大規模バイリンガルエッセイコーパス
の構築とデータ分析のための
各種システムの開発

山西　博之〈編〉

渓水社

はしがき

　本研究報告論集は，科研費・基盤研究（B）による研究プロジェクト『大規模バイリンガルエッセイコーパスの構築とデータ分析のための各種システムの開発』（研究期間：平成26年度〜平成29年度，課題番号：26284085）での研究成果を取りまとめ，公表するためのものである。

　本研究プロジェクトの目的は，複数の大学でのライティング指導実践で収集したデータから，日本人大学生による国内最大規模のバイリンガル（英語・日本語）エッセイコーパスである「関西大学バイリンガルエッセイコーパス（Kansai University Bilingual Essay Corpus; KU BE-CorpusあるいはKUBEC）」を構築すること，そして，そこで得られたデータを一元的に管理・分析するための各種ウェブシステムを開発することである。

　本研究プロジェクトの理論的な制度設計については，第1部【理論編】で詳細に述べている。また，研究代表者・分担者・協力者による具体的な実践例や研究例は，第2部【実践・研究編】で展開されている。最後に第3部【資料編】に，本研究プロジェクトの研究計画調書および開発された各種システムの使用説明書を掲載している。それぞれの論考は，基本的に本研究プロジェクトの企画・準備段階からのものをそのまま掲載しているため，特に第1部と第3部においては，執筆当時の状況による記述が強く残っている。しかしながら，この研究報告論集では，本研究プロジェクトで得られた成果物のみでなく，そのプロセスや軌跡についても記録として残すことを重視したものであることを含み置きいただきたい。

　なお，本研究プロジェクトのメンバーと役割分担・執筆章は，以下の通りである（研究計画調書掲載順。所属・肩書は2018年3月末現在）。

研究代表者：

　山西　博之（東京理科大学　理工学部　准教授）

i

役割：統括，執筆章：編集，第1章，第4章

研究分担者：

水本 篤（関西大学 外国語学部・外国語教育学研究科 教授）

役割：授業実践・データ収集・分析，執筆章：第1章

染谷 泰正（関西大学 外国語学部・外国語教育学研究科 教授）

役割：授業実践・データ収集・分析，執筆章：第1章，第3章

今尾 康裕（大阪大学 言語文化研究科 准教授）

役割：授業実践・データ収集・分析，執筆章：第5章

浦野 研（北海学園大学 経営学部 教授）

役割：授業実践・データ収集・分析，執筆章：第6章

鎌倉 義士（愛知大学 国際コミュニケーション学部 准教授）

役割：授業実践・データ収集・分析，執筆章：第7章

石原 知英（愛知大学 経営学部 准教授）

役割：授業実践・データ収集・分析，執筆章：第8章

阿久津 純恵（東洋大学 ライフデザイン学部 講師）

役割：授業実践・データ収集・分析，執筆章：第9章

研究協力者：

山下 美朋（立命館大学 生命科学部 講師）

役割：システム設計・データ分析，執筆章：第2章，第10章

赤瀬川 史朗（Lago言語研究所 代表）

役割：システム開発，執筆章：各種システム使用説明書（資料2〜6）

　最後に，本研究プロジェクトは，その準備段階で平成25年度関西大学
教育研究高度化促進費の助成を受けた。また，本研究報告論集の発行に
当たっては，株式会社溪水社の木村斉子氏にご尽力いただいた。ここに
記して感謝する次第である。

編者

目　次

はしがき ……………………………………………………………………… i

第 1 部【理論編】

第 1 章　関西大学バイリンガルエッセイコーパスプロジェクト
　　　　──その概要と教育研究への応用に関する展望──
………………………………… 山西　博之・水本　篤・染谷　泰正 … 4

第 2 章　The Design, Development and Research Potential of
　　　　Kansai University Bilingual Essay Corpus
………………………………………………… Miho Yamashita … 33

第 3 章　英文エッセイの「構造・論理分析ツール」の開発
………………………………………………………… 染谷　泰正 … 56

第 2 部【実践・研究編】

第 4 章　バイリンガルライティング授業に対する学生の認識
　　　　──「振り返りアンケート」のテキスト分析結果から──
………………………………………………………… 山西　博之 … 70

第 5 章　関西大学バイリンガルエッセイコーパス（KUBEC）
　　　　の可能性を探る
　　　　──分析のための下準備のプロセスとデータの概略──
………………………………………………………… 今尾　康裕 … 82

第 6 章　統語・形態素の習得を探る手段としての学習者コーパスの
　　　　可能性
………………………………………………………… 浦野　研 … 119

第7章 バイリンガルエッセイコーパスに見る problem(s) との
コロケーションの比喩表現と意味拡張
.... 鎌倉 義士 ... 133

第8章 自由英作文における Because 誤用の分類とその原因の検討
——英日パラレルコーパスにおける英語文と日本語文の比較から——
.... 石原 知英 ... 148

第9章 バイリンガルエッセイツールを活用したライティング教育
——母語を活かした英語力の育成——
.... 阿久津 純恵 ... 162

第10章 学生の書く英語論証文の論理構造を探る
——分析的枠組みの援用・開発を目指して——
.... 山下 美朋 ... 182

第3部【資料編】

資料1 基盤研究（B）研究計画調書 202
資料2 バイリンガルエッセイ投稿管理システム 使用説明書 207
資料3 バイリンガルエッセイ投稿管理システム 追加機能 224
資料4 教員用投稿管理インターフェース 233
資料5 エラータグエディタ 使用説明書 241
資料6 構造・論理タグエディタ 使用説明書 256

大規模バイリンガルエッセイコーパスの構築と
データ分析のための各種システムの開発

第1部
【理論編】

第1章

関西大学バイリンガルエッセイ コーパスプロジェクト

——その概要と教育研究への応用に関する展望——

山西 博之・水本 篤・染谷 泰正

はじめに[1]

　関西大学外国語学部では，学部専門英語科目「英語ライティング2」の受講生（3・4年次生）を主な対象に，2012年度から「バイリンガルエッセイコーパス・プロジェクト」を開始した。このプロジェクトの目的は，①学生が授業で作成する作文データを電子データ（＝コーパス）として蓄積し，②これをさまざまな角度から仔細に分析評価することで，彼らの英語力の実態やライティングにおける問題点をより正確に把握し，③その成果を本学における英語教育に役立てようというものである。

　本プロジェクトは現在進行中のものであり，まだその具体的な成果を発表する段階にはないが，プロジェクト開始後1年を経て，ようやく上記①のコーパスが形を整えてきつつある。同時に，さまざまな問題点や将来に向けての課題も明らかになってきた。そこで，本論では，プロジェクトの中間報告を兼ねて，これまでの経過を総括するとともに，期待される成果の教育研究への応用という観点から，本プロジェクトの今後について展望する。

1. 授業の概要

1.1 授業について

　関西大学外国語学部の学生は，1年次に必修科目の1つとして「英語ライティング1」という科目で1年間パラグラフライティングやエッセイライティングの基礎を学ぶ。その後，2年次にSA (Study Abroad) 制度により英語圏または中国に1年間の留学をし，ライティングに関しては各留学先大学のカリキュラムに従った授業を受ける。SA終了後（帰国後）の3年次には，それまで培ってきた英語ライティングの知識や技能を強化するために，前記の「英語ライティング2」という選択必修科目（英語圏に留学した学生は必修扱い）を1年間履修する。学部発足から4年目の2012年度は，この「英語ライティング2」が開講される2年目となる。開講2年目の2012年度から新カリキュラムに移行する2014年度までの3年間は，学内のプロジェクトのひとつとして，開講される全クラスで統一の講義概要・到達目標を持つコーディネート科目として授業が行われる[2]。

　この授業の講義概要と到達目標，および課題として課される13のトピックは添付資料にあるシラバスのとおりである。ここから分かるように，英文ライティングの基本的に事柄についてはすでに理解されているものとしてシラバスが組まれており，第2回目の授業で重要なポイントのおさらいをしたあとは，学生はひたすら「書く」ことに集中する。エッセイの作成は隔週で行われ，それぞれの翌週には学生が書いたエッセイを通例1つ取り上げ，クラス全員でレビューするという形で授業が行われる。なお，シラバスにも明記されているように，この授業では英語のエッセイだけでなく，同じトピックに関する日本語のエッセイも作成するが，その理由および目的については後述する。

　受講生は，専任教員3名と非常勤教員2名がそれぞれ担当する5つのクラスに分かれ（1クラスあたり約35名で，同一曜日時限に並行して開講），

第1章　関西大学バイリンガルエッセイコーパスプロジェクト　5

前後期合わせて計30回の授業に出席する。授業はすべてPCの設置された教室で行われ，学生は，授業中に作成した英文および和文のエッセイを，本プロジェクトのために開設された専用ウェブサイト上の掲示板に投稿する。なお，外国語学部の授業に加え，第3著者が担当する他学部のライティングクラスでも同じ内容の授業を行ない，データを収集している。

　いずれの場合も，隔週のライティングセッションについては，毎回90分の授業時間のうち原則として前半の60分を英文エッセイの作成に，残りの30分を和文エッセイの作成にそれぞれ充てるように指示している。また，各トピックのエッセイの内容については英語・日本語とも同じものとし，書く順番についてはとくに指示がない限り英文→和文の順で書くこと，および「日本語エッセイは英文エッセイの「英文和訳」ではなく，日本語エッセイとして適格かつ自然なものとして作成すること」という指示を与えた。これらの指示はすべて本プロジェクトのウェブサイト上に明記されている。

1.2　同意書の提出と学習者属性データの取得

　当該授業を受講した学生には，前期（春学期）初回の授業において本プロジェクトへの参加に関する同意書の提出を求めた。この同意書の提出によって，学生は授業中に各自が作成するエッセイデータの教育研究目的における使用に同意したものとみなした。同意書には各種の学習者属性に関するアンケートが付属しているが，これに回答するかどうかは任意とした。また，提供された個人情報は個人情報保護法の精神に則って適切に取り扱うこと，および個人が特定できるような形で外部に公表されることはないことを説明した。

　同意書内で提供を求めた学習者属性データは，名古屋大学のNICE (Nagoya Interlanguage Corpus of English) プロジェクト（第2節参照）で使用されたアンケートの内容に準じたもので，具体的には，名前，性別，

年齢，[大学での] 専攻・学年，英語の資格［TOEFL, TOEIC等の得点］およびその取得年度，英語学習歴，海外滞在・留学歴，他の外国語の学習歴，日頃の英語使用状況，作文を書くことに対する自信度等の項目をカバーしている。なお，2012年度についてはあらかじめ印刷した文書を配布し，これに必要事項を手書きで記入させたが，データを転記する手間や記入エラー等を考慮して，2013年度についてはオンライン上のフォームを使って提出させた。

1.3 ライティングセッション（Essay Writing Session）

前述のとおり，課題文はあらかじめ定められた13のトピックについて，英語と日本語のエッセイをそれぞれ授業時間内にパソコン上で作成し，所定のプロジェク・ウェブページからインターネット経由で提出する。エッセイの作成標準時間は，英文が1時間（このうち最初の5分をアウトラインの作成に当てる），和文が30分，語数は英文＝300語以上，和文＝800文字以上を目標語数とした。これはNICEプロジェクトのフォーマットに準じたものである。

なお，2012年度は各クラスとも Topic-1 から順番に取り組ませていたが，トピックの順番による影響を考慮して，2013年度については前年度の春期分と秋期分を大きく入れ替えたうえで，クラスごとに取り組む順番を変えた（ただし，Topic-12 と Topic-13 は他のトピックとは性格が異なる課題（argumentative essay）であることから，各クラスともそれぞれ期末に取り組むように固定した）。これにともない，クラスごとのオンラインシラバスを用意した上で，オンラインのエッセイ提出ページもそれぞれクラス別に用意した。

このライティングセッションは，基本的に学生がそれぞれのライティング課題に取り組む時間であり，教員はとくに何かを指導するわけではない。したがって，通常は，適宜モニター画面で学生の作業を巡視しな

がら，次週に行うレビューセッションの準備や，それまでに提出された
エッセイに目を通しておくなどして時間を有効に使っている。当初は90
分間集中力が続くものかどうか多少の不安もあったが，これまでのとこ
ろ，学生は90分の授業時間中ほぼ例外なく集中してライティング課題に
取り組んでおり，各クラスとも授業態度という点ではとくにこれといっ
た問題は報告されていない。

1.4 レビューセッション（Review Session）

　レビューセッションでは，前の週に学生が提出したエッセイのうちひ
とつ（以下，サンプルエッセイ）を選び，これを語彙，文法，文体，構
成，内容，および異文化語用論という6つの観点から見直し，推敲する。
クラスごとの指導内容をできるだけ統一するため，プロジェクト初年度
の2012年度は Topic-1 から Topic-13 まで原則として同じサンプルエッ
セイを使ってレビューセッションを行った。2013年度についてもこのや
り方を踏襲したが，後述の [Teacher's Copy]（講師用資料）については，
必要に応じて適宜更新し，より詳細なコメントを加えた。なお，学生に
は第1回目の授業説明のときに1人ずつの細かな添削はしないことをあら
かじめ伝えておいた[3]。

　基本的な授業運営方法は，およそ以下のとおりである（授業担当者用
に用意した「講師用マニュアル」から一部変更して引用）。

1) 毎回の授業で, 該当するトピックのサンプルエッセイを人数分コピー
　　し，これを授業の初めに学生に配布（注：課題文は2012年度に使用し
　　たものを再利用し，トピックごとに [Student's Copy] と教員用の添削
　　コメント付き [Teacher's Copy] をあらかじめ用意した。[Teacher's
　　Copy] は原則として学生には配布しない）。

2) サンプルエッセイを配布後, 20分程度の時間を与えて各自添削をさせ

る。添削は前述の6つの観点から行わせるが，特に，①構成上の問題点（論理的に構成されているかどうか）および②語彙・文法上のエラーの2点を中心にチェックさせる。

3) 学生はこの20分間で課題エッセイについて気が付いたことを紙面上に記入。自分で添削できるところは添削し，何か変だと思うがどう修正したらいいかわからないところは，下線を引くなり疑問符を加えるなりしてマークさせる。教師はこの20分の間に自分でも対象エッセイを細かくチェックしておき，[Teacher's Copy] を参考に，どこをポイントにコメントするかを決めておく。

4) 20分経ったら，適宜学生を指名し，添削について意見を発表させる。学生の発表の際に各教員が決めた「今日のポイント」にヒットしたら，そこで少し詳しく説明を加える。この際，学生の意見を求めるなどして，できるだけ一方的な講義にならないように工夫する。

5) 最後に，10～15分程度を割いて「振り返りコメント」 (Review Comments) を提出させる。「振り返りコメント」は，レビューセッションで気が付いたことや次回のライティングに生かしたいと思ったことを日本語で記入させるもので，原則としてオンライン上のエッセイ提出ページから提出させる[4]。

6) 時間がきたら，配布した資料（[Student's Copy]＝学生の添削が入ったもの）に学生の名前を記入させた上で回収。回収資料は，提出済みを証明するサインを加えた上で翌週の授業で返却（回収資料は各教員がPDF化して保存）する。なお，この際，1人ずつ何かコメントを書き加えて返却するかどうかは各教員の判断にまかせた。

1.5 改訂版エッセイ (Revision) の提出

上述のとおり，本授業は [Writing Session] と [Review Session] を隔週ごとに繰り返すという方式で進行していくことを想定していたため，各

第1章　関西大学バイリンガルエッセイコーパスプロジェクト　9

学生によるエッセイの提出はトピックごとに1回のみで，これを書き直す機会がなかった。ライティングにおける書き直し機会の重要性については担当講師の間では十分に認識はされていたが，これを実施しなかったのは，もっぱら技術的な問題（現行のオンラインプログラムの仕様上の問題）と教員の労力負担を考慮しての判断であった。しかし，1年間の試行を経て，やはり書き直しの機会を与えることが教育的には望ましいということから，本年度（2013年度）については毎回のエッセイの改訂版を提出させることにした。これに伴い，データ入出力インターフェイスを制御するCGI プログラムを一部修正し，ログデータの整形やエクセルへの流し込み作業による負担を大幅に軽減できるようにした（ただし，現在のシステムでは限界があるため，現在，システムそのものを作成し直している。これについては後述する）。

　改訂版は毎回のレビューセッションが終わった日の翌日から，翌週の授業日の前日までの間に，プロジェクト・ウェブページ上に投稿させている。学生には改訂版の提出はオプションではなく，義務であることを明示的に伝えた。

　なお，改訂版エッセイの作成に当たっては時間制限なしで，辞書の使用やインターネット上の情報の参照も許可することにした。前述のとおり，本年度は授業中にエッセイを作成する際の辞書や資料（インターネットを含む）の参照を禁止しているが，これによる学習機会の喪失は，自由な環境下での改訂版の作成機会を与えることでカバーできるものと考えている。

　以上，本プロジェクトにおけるデータ取集の直接の対象である授業の概要，およびこれまでの経過を簡単に解説した。次節では従来の「学習者コーパス」研究について簡単にレビューしながら，本プロジェクトの特徴について述べる。

2. 従来の「学習者コーパス」研究と 本プロジェクトの特徴

2.1 学習者コーパス研究

　本プロジェクトは，いわゆる「学習者コーパス」研究 (Learner Corpus Research) と総称される分野に属するものである。学習者コーパスとは，「学習者により産出されたテクストを体系的かつ電子的なデータとして集めたもの (systematic computerized collections of texts produced by learners)」(Nesselhauf, 2004) で，研究の方向性として，いわゆる中間言語の研究を通して第2言語習得のメカニズムや普遍的原理を解明しようという動機で行われるものと，学習者特有の誤用パターンや不自然な言語使用，あるいは過剰・過少使用のパターンを特定し，その研究成果を教材開発や言語教育に活かすという教育的な動機で行われるものの2種類に大別することができる。いずれの場合も「データに基づく研究 (data-driven research)」である点に特徴がある。

　この分野での本格的な研究が始まったのは1990年代で（それ以前は，コーパスといえば母語話者コーパスを指すのが普通だった）比較的歴史の浅い分野であるが，2000年代に入って主として非英語圏に属する研究者を中心に急速に研究が進んだ。現時点での代表的な学習者コーパスとして以下のようなものがある。このうち，1) のICLE以外はすべて国内の研究者による業績である。

1) ICLE（International Corpus of Learner English）
2) NICT JLE Corpus (NICT Japanese Learner English Corpus)
3) JEFLL Corpus (Japanese EFL Learner Corpus)
4) NICE (Nagoya Interlanguage Corpus of English)
5) ICNALE (The International Corpus Network of Asian Learners of English)

第1章　関西大学バイリンガルエッセイコーパスプロジェクト　11

ICLE はルーヴェン・カトリック大学（ベルギー）のSylviane Granger 教授らのグループが作成した国際英語学習者コーパスで，現在リリースされている第2版 (Ver.2, 2009; http://www.uclouvain.be/en-277586.html) には，ブルガリア，チェコ，フィンランド，イタリア，ロシア，中国，日本など16か国にわたるおよそ370万語の作文データが収集されている。これに加えて，比較のための母語話者コーパス（LOCNESS = Louvain Corpus of Native English Essays）も用意されており，いわゆる中間言語研究（あるいはGranger（1998）のいうところの対照中間言語分析 Contrastive Interlanguage Analysis））を目的として作成されたコーパスとしては質・量ともに世界最大規模のコーパスである。

NICT JLE Corpus（http://alaginrc.nict.go.jp/nict_jle/）は独立行政法人情報通信研究機構（NICT）が中心となって作成した日本人英語学習者の発話データコーパスで，SST（Standard Speaking Test）と呼ばれるスピーキング能力試験の受験者1281人のデータ（約100万語）を，習熟度別に集めたものである（和泉他, 2004）。

JEFLL Corpus (http://jefll.corpuscobo.net/) は東京外国語大学の投野由紀夫教授が中心になって作成した日本の中学・高校生による英作文コーパスで，教室内で実施した20分間の辞書無し自由英作文のデータ（約1万人分／67万語）が収録されている。扱われているトピックは6つで，言いたいことに対応する英語が思いつかない場合は日本語（ローマ字表記と仮名漢字が混在）を使うことが認められている（投野, 2007）。

4つめのNICE (http://sugiura5.gsid.nagoya-u.ac.jp/~sakaue/nice/) は，名古屋大学の杉浦正利教授が中心になって作成したもので, 2つのサブコーパスから構成されている。1つは日本人学習者（大学生と大学院生）が作成したエッセイからなるコーパス（NICE-NNS）で，約7万語（207名分）のデータが収録されている。もうひとつは比較研究のための統制コーパスとして作成された英語母語話者コーパス(NICE-NS) で，こちらには約

11.8万語（200名分）のデータが収録されている。データの規模が小さい点でやや問題があるものの，現在，杉浦研究室を中心にNICEを使った研究が精力的に進められており，現時点ではもっとも成果を挙げつつあるプロジェクトの1つである。

　最後のICNALE (http://language.sakura.ne.jp/s/kaken.html) は神戸大学の石川慎一郎教授が中心になって推進している国際プロジェクトで，アジア圏の英語学習者の作文データを集めた大型統制作文コーパスである。現在までに100万語を超えるデータ収集が完了しており，世界最大級の学習者コーパスの1つとなっている。なお，データの内訳は日本人学習者のデータがおよそ 17.6万語，それ以外のアジア諸国（9つの国・地域）の学習者データが合計約105万語，英語母語話者によるものが約 8.8 万語である。

2.2 KUBECコーパスとの関係

　これらの各種学習者コーパスのうち，本プロジェクトで構築している「関西大学バイリンガルエッセイコーパス」(Kansai University Bilingual Essay Corpus: KUBECあるいはKU BE-Corpus) と直接的な関係があるのはNICEとICNALEである。

　前述のとおり，KUBECプロジェクトでは1年間を通じて13の異なるトピックのエッセイを作成させているが，このうちTopic 1 から Topic 11についてはNICEプロジェクトで使用されたエッセイトピックをほぼそのまま踏襲し，時間制限もNICE同様1時間として，両者の比較ができるようにした[5]。これに加えて，授業開始に当たって対象学生から取得した各種個人情報の項目・内容についてもNICEで使用されたアンケートのフォーマットを援用している。

　ICNALEからはPart-time job (by college students) とSmoking (should be banned at all the restaurants) という2つのトピックを借用した。KUBECプ

ロジェクトのトピックではそれぞれTopic 12とTopic 13 に相当する。いずれもICNALE の場合と同様にArgumentative Essayであることを明示した上で，それぞれのトピックについて賛成・反対の立場を明確にするとともに，主張の理由・根拠を具体的に記述するように指示した[6]。

2.3 KUBECコーパスの特徴

　このように，KUBECは日本人の英語学習者（大学生）を直接のターゲットとする研究として，(1) 国内の代表的な先行研究との比較ができるように設計されていること，(2) 詳細な学習者属性（例えば TOEFLの点数や海外生活歴など）が付属していること，(3) 単一の学習者グループのデータを集めたコーパスとして世界最大級のものであること（2013年度末までに英文≒130万語，和文≒300万文字の収集を予定）を大きな特徴とするが，その上で (4) 日本語エッセイと対になった「バイリンガルコーパス」であるという点が，従来のモノリンガルベースの学習者コーパスにはみられない本プロジェクト独自の特徴として挙げられる。

　従来の学習者コーパス研究は，学習者のL2データを集め，これを母語話者データと比較したり，母語の異なる学習者間で比較するという方法（対照中間言語分析）で進められてきたが，このような単一言語コーパスによる研究では，対象とする学習者の抱えている問題点が第2言語学習者に特有の発達的な問題なのか，あるいは学習者の母語能力そのもの（＝基本的な認知能力や言語運用能力，および母語に影響された思考パターン等）に起因するものなのかが必ずしも明らかにされてこなかった。このような観点から，われわれは，従来の単一言語コーパスに代わって，学習者の母語（日本語）によるデータと学習対象言語（英語）の2カ国語からなる「バイリンガルコーパス（パラレルコーパス）」を作成することとした。筆者らの知るかぎり，このような試みは前例のないものである。

　また，本プロジェクトで構築しているコーパスには，各学生の「振り

返りコメント」(Review Comments) も付属している。「振り返りコメント」
は，トピックごとに隔週で行っているレビューセッションにおいて気が
付いたことや学んだことを日本語でまとめて提出させるというもので，
各学生がどのようなことに関心を持っているか（いないか），あるいは授
業の進行につれてどのように関心が推移していくか（いかないか），さら
には指導の影響や指導内容との相関等を見るための貴重なデータになる
ことが期待される。

3. 現在までに集まっているデータの概要

3.1 データの概要

　表1は2012年度の授業で収集したデータの内訳である。この他に提出者
不明のエッセイが英文＝13件，和文－12件あるが，これは集計から除外
した。英文エッセイについては総語数約65万語，エッセイ数2,031で，単
一ユーザグループを対象としたものとしてはすでにNICEやICNALEのデ
ータ規模をはるかに超えるものとなっている。日本語エッセイについて
は，総文字数約149万8千，エッセイ数1,958である。エッセイ当たりの平
均長は英文が322語（SD＝21.06），和文が767文字（SD＝37.24）で，前者
については目標値を達成できているが，後者についてはやや不足気味で
ある。レビューコメントは原則としてTopic-2からTopic-12について収集
したが，クラスによっては授業運営の都合上，レビューコメントの提出
ができなかったところもあり，コメント件数はトピックによって大きな
変動がある。なお，このほか，秋学期の期末に1年間の授業全体を通じて
の「振り返りコメント」も収集している。

表1. 2012年度のデータ内訳（速報値）

Topic No.	Essay Topic	English Essay			Japanese Essay			Review Comment		
		No. of Essay	Total No. of Words	Ave. No of Words per Essay	No. of Essay	Total No. of Chars	Ave. No of Char per Essay	No. of Review Com'nts	Total No. of Chars	Ave. No. of Chars per Com'nt
0	Self-introduction (E3)	17	1,447	85	--	--	--	--	--	--
1	Env. pollution	181	55,246	305	179	129,176	722	--	--	--
2	Violence on TV	163	52,729	323	156	131,875	845	92	17,021	185
3	Young people today	165	59,553	361	174	133,318	766	151	28,052	186
4	Suicide	138	46,041	334	132	102,394	776	80	16,250	203
5	Sports	171	56,387	330	168	133,133	792	79	12,473	158
6	School Education	183	65,220	356	180	142,288	790	112	20,152	180
7	Recycling	163	47,428	291	158	113,753	720	85	14,656	172
8	Money	164	52,087	318	160	118,773	742	92	15,588	169
9	Divorce	146	46,823	321	140	104,220	744	2	102	51
10	Death penalty	146	45,077	309	135	100,846	747	115	20,367	177
11	Crime	97	30,485	314	95	76,324	803	29	5,778	199
12	Part-time Job (Arg)	147	48,071	327	136	107,406	790	44	6,793	154
13	Smoking (Arg)	150	43,798	292	145	105,422	727	1	122	122
	SUM / AVE	2,031	650,392	322	1,958	1,498,928	767	882	157,354	163
	SD			21.06			37.24			41.42

注.

1. 表1は速報値であり，今後修正される可能性がある。なお、Topic-0 は練習用に使用したもので，[E3-LAW] クラス（法学部2年次生）を対象に自己紹介文を書かせた。ただし、個人情報が含まれているためプロジェクトのデータからは外している。

2. トピック1から11は NICE プロジェクトにおけるトピックを，トピック12と13は ICNALE プロジェクトにおけるトピックをそれぞれ使用した。

3. 英文は60分，和文は30分をそれぞれ制限時間とし，前者については300語以上、後者については800文字以上を目標とし，辞書の使用を許可した。

4. 表中の合計 (SUM)，平均 (AVE)，および標準偏差 (SD) の数値は Topic-0 のデータを除外したもの。

5. 上記トピック1から13までのデータのうち，[E3-LAW] クラスのデータ量は以下のとおり。
英文エッセイ総数 = 241; 総語数 = 57,401; エッセイ当たりの平均語数 = 238
和文エッセイ総数 = 101; 総文字数 = 64,654; エッセイ当たりの平均文字数 = 640

表2. 2010-2011年度のデータ内訳

Topic No.	Essay Topic	English Essay			Japanese Essay			Review Comment		
		No. of Essay	Total No. of Words	Ave. No of Words per Essay	No. of Essay	Total No. of Chars	Ave. No of Char per Essay	No. of Review Com'nts	Total No. of Chars	Ave. No. of Chars per Com'nt
0	Self-introduction	24	6,181	258	1	854	854	--	--	--
1	Env. pollution	92	22,279	242	87	56,172	646	--	--	--
2	Violence on TV	86	21,544	251	82	52,747	643	--	--	--
3	Young people today	48	12,913	269	45	28,814	640	--	--	--
4	Suicide	48	12,306	256	47	28,477	606	--	--	--
5	Sports	44	10,771	245	44	28,433	646	--	--	--
6	School Education	37	9,719	263	37	22,900	619	--	--	--
7	Recycling	39	8,336	214	39	22,151	568	--	--	--
8	Money	38	9,686	255	38	21,504	566	--	--	--
9	Divorce	40	10,058	251	33	22,845	692	--	--	--
10	Death penalty	34	8,541	251	20	19,603	980	--	--	--
11	Crime	22	4,483	204	59	10,722	182	--	--	--
12	Part-time Job (Arg)	59	17,002	288	57	38,366	673	--	--	--
13	Smoking (Arg)	67	17,289	258	67	39,470	589	--	--	--
15	Reality TV	10	5,866	587	0	0	0	--	--	--
	SUM / AVE	688	176,974	250	656	392,204	619	--	--	--
	SD	20.51		21.70	19.37		168.06	--	--	--

注.

1. 対象は Topic 1～13（太枠）。エッセイ執筆における統制条件は原則として2012年度分データと同じ。

2. 2010-2011年度についてはレビューコメント（Review Comment）は収集していない。

3. 表中の合計 (SUM)，平均 (AVE)、および標準偏差 (SD) は Topic 0 と Topic 15 を除外したもの。

4. 2010-2011年度のデータ内訳は以下のとおり。
   外国語学部　　1年次生45名（指定教科書があったため Topic-1, 2, 12 ,13, 15 のみ）
   法学部　　　　2年次生49名←2012, 2013も継続してデータを取得（Topics 1-13 対象）
   経済学部　　　2年次生1名
   文学部　　　　2～4年次生3名
   社会学部　　　3～4年次生2名
   ※1年次の「英語ライティング1」の授業のうち第3著者の授業を履修した学生が対象。2012年および2013年度のデータには，これらの学生が3・4年次生として提出したデータが含まれる。

表2は，本プロジェクトの開始に先立って，第3著者が2010年度と2011年度に担当したライティングの授業で収集したデータの内訳である。エッセイ執筆における統制条件は原則として2012年度分データと同じであるが，2012年度の主たる対象学生が外国語学部3・4年次生（203名）と法学部の2年次生（20名）であったのに対し（このほかに文学部4年次の聴講生1名を含む），2010年度〜2011年度の対象学生は外国語学部1年次生(45名)，法学部2年次生 (49名)，経済学部2年次生 (1名)，文学部2〜4年次生 (3名)，社会学部3〜4年次生 (2名) であり，法学部の2年次生以外は対象学生層が異なっている。

全体のデータ量は，英文エッセイが総語数約17.7万語，エッセイ数688，日本語エッセイが総文字数約39.2万字，エッセイ数656である[7]。エッセイ当たりの平均長は英文が250語（SD = 21.7），和文が619文字（SD = 168.06）で，表1のデータと比べると全体に目標値をかなり下回っていることがわかる。これは，前述の対象学生層の違いを反映したものである。

3.2 データのエクセルへのインポート

前述のとおり，ウェブサイト上の掲示板から投稿されたエッセイは，すべてログファイル（テキストファイル）としてサーバー内に蓄積されるが，そのままでは「コーパス」としての利用範囲が限られることから，これを所定のフォーマットに従ってエクセルにインポートすることにした。データがエクセルに一定のフォーマットで格納されていれば，個々の研究者のコンピュータリテラシーに係わらず，利用可能になるからである。

2010年度〜2011年度のデータについては諸般の事情からエクセルへのインポート作業をすべて手作業で行った。この作業に院生TA3名がおよそ5か月を要したため，この間はデータ分析等の作業ができないばかりか，TAの管理やその作業の検証等の付随的な業務に多くの時間を取られてしまうという問題があった。

そこで，2012年度にはデータの入出力を管理するCGIプログラムを一部変更し，大量のログデータを，ごく簡単な手順で，一括してエクセルにインポートすることができるようにした。インポート先のエクセルには，エッセイデータ本体のほかに，およそ66項目におよぶ各種データ属性 (データ番号，作成者コード，トピック番号，エッセイの語数，文数，使用語彙レベル分布，リーダビリティ評価，品詞タグ情報等)，および被験者属性 (氏名，年齢，性別，所属学部，TOEFL/TOEICの得点，留学経験，英語以外の外国語の学習歴等) の項目が設定されており，エクセルのフィルター機能を使うことで，特定の属性を基準にしたサブコーパスや複数の属性を組み合わせたデータ群を任意に抽出することが可能になっている。

　なお，この分のデータについては，現時点では日英とも個々のエッセイの評価はされていない (2010年度〜2011年度の分のデータについては次節参照)。また，エラータグ付与等も今後の課題であり，すべての作業が終了するまでには今後，数年が必要と考えられる。

3.3 エッセイの評価について

　これまでに収集したエッセイのうち，2010年度〜2011年度分のデータについては，現時点で約190件の日英エッセイについて，英語母語話者と日本語母語話者それぞれ1名ずつによる予備評価が終わっており，現在，分析を行っている。評価項目はOverall Quality (総合評価)，Grammar (文法)，Vocabulary (語彙)，Organization (構成)，Content & Idea Development (内容・論点の展開)，Textual Cohesion (結束性)，Mechanics (形式・メカニクス) の7つで，それぞれ以下のような評価基準とした。なお，これらの評価項目は主として久留他 (2011) を参考にしたものであるが，このうち Overall Quality と Textual Cohesion は本プロジェクト独自の項目である。

Overall Quality: Overall quality of the essay in terms of your first impression (i.e. non-analytical, generic impression), as evaluated by the following scale: 1=Very Poor; 2=Poor; 3=Average; 4=Good; 5=Excellent.

Grammar: Grammatical competence (i.e. the ability to write grammatically acceptable sentences), as evaluated by the following scale: 1=Very Poor; 2=Poor; 3=Average; 4=Good; 5=Excellent.

Vocabulary: Lexical competence (i.e. the ability to use a wide variety of words and lexical phrases, and to use them appropriately in a given context from semantic, stylistic and pragmatic viewpoints), as evaluated by the following scale: 1=Very Poor; 2=Poor; 3=Average; 4=Good; 5=Excellent.

Organization: Organizational competence (i.e. whether the essay has a clear and logical organization), as evaluated by the following scale: 1=Very Poor; 2=Poor; 3=Average; 4=Good; 5=Excellent.

Content & Idea Development: Topic-development competence (whether the topics and/or main ideas are sufficiently developed, so that the essay as a whole sounds more or less convincing), as evaluated by the following scale: 1=Very Poor; 2=Poor; 3=Average; 4=Good; 5=Excellent.

Textual Cohesion: Textual competence (i.e. whether such textual or discourse markers as *therefore, however, in addition, first of all, secondly, above all*, etc. are being used properly so that the text as a whole flows rather smoothly and logically), as evaluated by the following scale: 1=Very Poor; 2=Poor; 3=Average; 4=Good; 5=Excellent.

Mechanics: Formal and mechanical competence (i.e. spelling, punctuation, paragraphing, etc.), as evaluated by the following scale: 1=Very Poor; 2=Poor; 3=Average; 4=Good; 5=Excellent.

今後，すべてのエッセイについて複数の評価者による評価を加えてい
く予定であるが，予備評価の暫定的集計結果から，現在のところ次のよ
うな問題点が指摘されている（山下, 2013）。

1. 評価スケールの基準点が明確でない（→どのようなものが「評価3」に
   なり，どのようなレベルであれば「評価5」になるのか，具体的な例
   を示すべき）。
2. 現行の5段階の評価スケールでは項目間に有意な差が出にくい（→評
   価スケールの変更？）。
3. 評価項目間にオーバラップがある。例えば, Content & Idea Development
   (内容・論点の展開) は，「何を書くか」(what) ということと「どう書
   くか」(how) という2つの異なった観点が混在しており，後者は
   Organization (構成) ともオーバラップする。
4. Textual Cohesion (結束性) は，単に特定の論理副詞・連結詞群の使用
   を，その頻度と種類で評価するだけなら，コンピュータで自動的に行
   える。したがって，評価項目に含める必要はない。（頻度と種類だけ
   でなく，その「適切さ」を評価に加えた場合,「論点の展開＝論理性」
   や「構成」とオーバラップする可能性がある。）
5. Mechanics (形式・メカニクス) は，本プロジェクトのようにワープロ
   を使って原稿を作成し，これを所定のフォーマットに従って提出させ
   る形式の場合は，ほとんど意味のない項目になる。

　以上のようなことから，現在，前記7つの評価項目のうち (1) Textual
Cohesion (結束性) と Mechanics (形式・メカニクス) を削除すること, (2)
Content & Idea Development (内容・論点の展開) をContent（内容）とIdea
Development (論点の展開) に分け，その上で後者を Organization (構成)
と合わせて新たにOrganization & Logical Development（構成と論理展開）

とすること，等が検討されている。これによって，評価項目は次の5つに
なり，評価者の労力の軽減につながるとともに，項目間の曖昧さ（した
がって，何を測定しようとしているのかについての曖昧さ）が相当程度
解消されることが期待される。

- Grammar (文法) → 「語学力」の測定
- Vocabulary (語彙) → 同上
- Organization & Logical Development（文章構成と論理展開）→ 「作文
  能力」の測定
- Content（内容）→ 「知識・教養レベル」の測定[8]
- Overall Quality (総合評価) → 上記の観点を総合した全体的な印象評価

4. 今後の課題

　以上，本プロジェクトの概要とこれまでの経過（第1節），既存の学習
者コーパス研究と比較した場合の本プロジェクトの特徴（第2節），およ
び現在までに集まっているデータの概要（第3節）について述べた。本節
では，本論のまとめとして，今後の課題を (1) システム上の問題と，(2)
研究上の課題および展望という2つの観点から整理する。

4.1 システム上の問題と対応策

　前述のとおり，本プロジェクトではデータの入出力を独自に作成した
Perl CGIプログラムで制御しているが，これまでに次のような問題が明
らかになっている。

1. 2012年度の授業において，1度だけ入力済みのデータが飛んでしまっ
   たことがあった。おそらく，データ入力が特定の時間（2限終了時）

に集中したこと，および本プロジェクトの開始に伴い，対象とする学生数が2012年度から一気に200名程度に増えたことから，大学のサーバーに過度の負担がかかったことが原因かと思われる。詳しい原因は不明だが，これは現在のPerl CGIの仕様にも大きく左右されるものと考えられ，今後，同様の問題がいつでも起こり得る可能性がある（現在は，データ損失の被害を最小限にとどめるために，授業ごとに毎回，教員がデータをサーバーから回収している）。

2. 初期のプログラムに比べて大幅に簡素化されたとはいえ，データのインポート作業は依然として手作業に頼るところが多く，担当教員およびTAへの負担が大きい。また，各種のテクスト属性情報の取得や入力作業もすべて手作業で行っているため，効率が悪く，エラーも発生しやすいことから，将来的にはこれらの作業を可能な範囲で自動化する必要がある。

3. 現在のプログラムでは，ログファイルをデータベース化するための技術的な都合上，学生に対して所定のフォーマットに従ってデータ入力をさせるようになっている。しかし，学生の中にはこのフォーマットを守らない（守れない）ものが少なからずいる。例えば指定の氏名表記方法を守らなかったり，クラス番号やトピック番号を間違えたり，未記入のまま投稿したり，各種の「タグ」（データの開始と終了を示すタグや，パラグラフごとに入力するタグ等）の記入を忘れるという例があとをたたない。現在のところ，こうしたフォーマット上のエラーは教員がいちいち手作業で訂正しているが，将来的には，入力漏れや誤記があった場合，自動的にアラートが出るようにしたり，各種の「タグ」については入力そのものを不要にする（＝システム側で自動的にタグ付与を行う）などの工夫をする必要がある。

これらの問題は，要するに本プロジェクトを円滑に推進していく上で，

現行の手作りのシステムには限界があることを示している。このため，現在，学内の「平成25年度教育研究高度化促進費」の支援を得て，専門業者に現行のシステムに代わる，より堅牢なシステムの構築を依頼している。業者との細部の打ち合わせはすでに終了し，本年度（2013年度）の9月には試作版が出来上がる予定である。

　図1は，今後，コーパスの構築と並行して開発していく予定の3つのインターフェイス（入力インターフェイス，データ編集インターフェイス，出力インターフェイス）と，それぞれの開発予定時期を示す。上述のとおり，このうち入力インターフェイスについてはすでに開発に取り掛かっているが，Phase 3で予定しているデータ編集インターフェイス[9]と出力インターフェイスの作成については，今後，科研費を申請して研究に必要な資金の獲得を目指す。

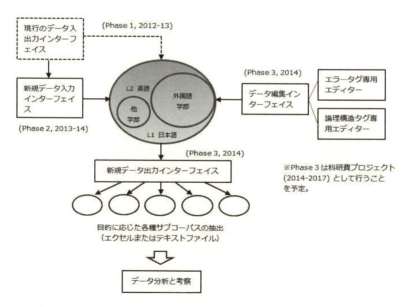

図1．プロジェクトのフェイズと今後の作業計画概要

なお，上記のようなシステム作りは，あくまでも研究を進めていくための手段に過ぎない。より本質的な問題は，そのようなシステムが出来上がった後，これを使ってどのようなことをしていくのかということである。以下，この点について現時点での課題および展望を述べる。

4.2 研究上の課題と展望

　前述のとおり，本プロジェクトは学習者コーパス分野の先行研究のうち，NICE と ICNALE の2つをその直接の比較モデルとしている。このほか，参照すべき先行研究として ICLE およびそのサブコーパスである LOCNESS がある。これらを対照コーパス群1（学習者コーパス群）とする。ただし，よりバランスのとれた比較研究（とくに NS-NNS 比較）を進めるためには，このほかにいわゆる一般英語（および日本語）を収録した母語話者コーパスが必要である。これを対照コーパス群2とする。このうち，英語コーパスについては，現時点では BROWN, LOB, FROWN, FLOB（合計400万語）に加え，TIME Corpus の使用を考えている。[10] 日本語コーパスについては，現在，検討中である。図2に，関大バイリンガルエッセイコーパス（KUBEC）と対照コーパス群の相関図を示す。

　前述のとおり，KUBEC はすでに Phase 1 でのデータ収集を完了し，プロジェクト開始以前に収集したものを含め，現時点で英文およそ82.7万語，和文189.2万字のデータが使用可能となっている。したがって，基礎的な分析作業はいつでも開始できる状態にあり，現在，少しずつ作業を進めつつある。現在のところ，われわれが関心を持っているリサーチクェスチョンは以下のようなものである（エラー分析，論理構造分析については Phase 3 で予定している専用エディターの開発を待って行う予定）。

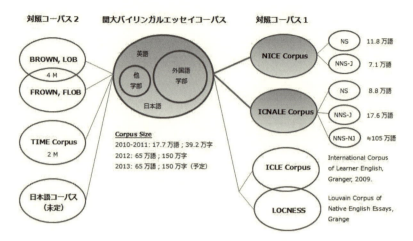

図2. 関大バイリンガルエッセイコーパスと対照コーパス

[語彙に関して]
・外国語学部の学生の語彙力（ライティングにおける使用語彙）はどの程度のものであるか。
・誤用を含めて，彼らの語彙使用にどのような特徴や傾向がみられるか（特に，コロケーション，動詞，法助動詞，モダリティ副詞，評価的形容詞，および論理連結詞等の習得度および運用能力）。
・学生の語彙レベルとTOEIC/IELTS等の得点の間に有意な相関がみられるか。
・1年次から3年次の間に語彙の面でどのような進歩や変化がみられるか。
・辞書使用の有無によって使用語彙にどのような違いがみられるか（→2012年度データと2013年度データの比較）。
・オンライン辞書の使い方にどのような特徴や傾向がみられるか（→画面キャプチャーデータの分析）。

[文法・統語法に関して]

・どのような文法的カテゴリーに多くエラーがみられるか。

・カテゴリーごとの文法的エラーに一定のパターンがみられるか

・そのようなエラーやエラーのパターンは外国語学部の学生に特有なものか，あるいはその他の学部や他大学の学生，または日本人学習者全体に共通するものか。日本人以外の英語学習者と比較した場合はどうか。

・各種文法カテゴリーの習得度から，一定の習得順序を想定することが可能か。

・どの程度の統語的多様性（構文上のバラエティー）が習得されているか。また，構文上の選好パターン（好んで使われる構文）がみられるか。

・そのようなパターンから，構文上の習得順序を想定することが可能か。

[作文能力について]

・英文と和文のエッセイ評価に，何らかの相関関係がみられるか。見られるとすればどの項目が最も高い相関を示すか。

・学生の書く英文および和文エッセイには，どのような文章構成上および修辞上の特徴がみられるか（→マクロな特徴とミクロな特徴）。

・英文エッセイ（および和文エッセイ）について，NS評価者が「問題あり」と判定する箇所にはどのような特徴やパターンがあるか（註：NS評価者による「文章構成と論理展開」のエラー評価は, 現在のところ, 評価者が「問題あり」と感じた箇所を <!> <!!> <!!!> のようなタグでマークする方法で行うことを考えている［! の数は問題の深刻さを示す］。NS話者による訂正・書き換えは原則として行わない）。

・英文および和文エッセイのライティングプロセスにどのような特徴や傾向がみられるか。英文と和文でとくに異なるパターンが観察される

第1章　関西大学バイリンガルエッセイコーパスプロジェクト　27

か（→画面キャプチャーデータの分析）。

・これらの特徴や傾向はTOEFL/IELTSの得点，およびその他の学習者属性と何らかの相関がみられるか。

・英文エッセイ中にどのようなL1干渉（またはL1干渉と想定される現象）がみられるか。

・和文エッセイ中にどのようなL2干渉（またはL2干渉と想定される現象）がみられるか。

・「文章構成と論理展開」に関して，授業の進行につれて何らかの具体的変化や改善がみられるか。

・メタ言語的能力にどのような発達がみられるか。

[エッセイ評価について]

・汎用性重視の既存の枠組みではなく，アカデミックなトピックに関する英文エッセイ・和文エッセイを評価するための新たな枠組み（評価表，ルーブリック）の開発。

・大量のエッセイを評価するためのエッセイ自動評価の可能性（Coh-metrix等のプログラムを用いた検討）（水本, 2012）。

[学生の意識について]

・「振り返りコメント」に見られる学生のライティングに対する意識（→KH Coder等のプログラムを用いた分析。例えば，どのようなことに関心があり，これが授業の進行につれてどのように変化するか／しないか）。

　これらのリサーチクェスチョンに答えるための研究は，プロジェクトメンバーが随時進めていくことになるが，これらのことが明らかになった際の，教育研究における期待される成果および今後の展望は以下のよ

うなものである。

　まず，得られた知見を生かした，本学の外国語学部および共通外国語科目の英語授業におけるより効果的なライティング指導実践が挙げられる。具体的には，本プロジェクトで作成するコーパスとそれを管理するためのインターフェイスやデータベースといった成果物により，継続的・発展的に本学学生のデータを収集し，その結果に応じた適切な指導のあり方を検討することが可能になる。そして，より発展的な展開として，本学の学生を対象とした，アカデミックな日英作文における能力記述文（Can-Do Statements）の策定やライティングセンターの設置が挙げられる。能力記述文の策定によって，より客観的な形でライティング能力の発達を検証することが可能になる。このような能力記述文に基づいた指導を行う拠点としてのライティングセンターの設置により，より組織的にアカデミックなライティング能力の育成が可能になる。さらには，国際的な規模の「日英バイリンガル・ライティングセンター」構想も視野に入れることができる。

おわりに

　以上，「関西大学バイリンガルエッセイコーパス（KUBEC）」プロジェクトの中間報告として，その理念と概要を述べてきた。これまで概ね順調に進展していると思えた本プロジェクトも，今回概要を改めて整理することで，新たに解決・検討すべき課題が見いだされた。本論で確認された課題を解決しつつ，今後の展望で述べた教育研究上の知見を得るため，プロジェクトを進展させていきたい。

第1章　関西大学バイリンガルエッセイコーパスプロジェクト　29

注

1. 本論は第3著者が草稿を書き，これに第1および第2著者がそれぞれ適宜，加筆修正を加えた上で，全体を第1著者がまとめ直したものである。なお，第1節の前半部は山西 (2013) をベースにした。

2. したがって本プロジェクトでは2012年度〜2014年度までの3年間のデータを収集することになるが，これに先だって第3著者が2010年度〜2011年度に担当したライティング授業のデータが，英文≒17.7万語，和文≒39.2万字分ある。詳細は本文中の表2参照。

3. 現在は1クラス平均35名（最大41名）という比較的大きなサイズで授業を行っているため，個人ごとの添削は講師への負担が過重になり，現実的ではないというのが主たる理由であるが，これまでの研究からも明らかなとおり，個人添削，とりわけ文法的訂正の効果については否定的な意見も多く (Truscott 1996)，教師が時間をかけて細かく添削をしても，必ずしもそれに見合った効果が上がるわけではない。ただし，Ferris (1995, 2004) が主張するとおり，教師による「適切なフィードバック」は学習者の成長を促進するための重要な手段のひとつであり，本授業でもレビューセッションという形で文法，語彙，論理構成，内容等にわたる全体的なフィードバックを与えている。また，2013年度からはレビューセッションの後，翌週の授業日を期限に改訂版を提出させている。その効果については今後の検証に待たねばならないが，現時点での感触としては，より効果を挙げるためには (1) 学習者のレベルに応じたクラス編成を行うこと, (2) 扱うトピック数をいまより少なくし，ひとつのトピックついて初稿，第2稿，最終稿のように3回程度の書き直しの機会を設け，それぞれに個別のフィードバックを与えること，および (3) 上級クラスについては10名（から最大15名）程度の少人数編成とした上で，個人添削を中心にしたよりきめ細かな指導を行うことが望ましいと考えている。

4. ただし，2クラスについては教員の判断で関大インフォメーションシステム上の [CEAS] を使って提出させた。→「振り返りコメント」の暫定的な分析結果については山西 (2013) 参照

5. ただし，2012年度のKUBECプロジェクトにおいては辞書の使用を許可した。教育的観点からすれば辞書の使用を一律に禁ずるのは好ましくないとの判断によるものであるが，一部の学生に辞書を過剰使用するものや，オンライン資源についてわれわれが予測しなかった使い方（例えば日本語の文章を Google 等の翻訳エンジンに渡して，その結果をそのまま引用するなどの例）が見られたため，2013年度については辞書の使用を禁じ

ることにした。ただし，授業中の辞書およびオンラインレファレンスの使用を禁じる代わりに，毎回のエッセイの改訂版を，授業後に，時間制限や辞書使用の制限なしに作成・提出する機会を与えた。これは結果的に次の3つの利点をもたらすものと考えられる。1) レビューセッションでの学習成果を反映させることができる，2) 時間制限なしに書く自由を与えることで，個々の学生に本来の力を発揮するチャンスを与えることができる。3) 前年度のデータと比較することで，辞書使用の有無による違い（特に語彙に関して）を観察することができる。

6. なお，ICNALEではこの2つのトピックに関するエッセイをそれぞれ20〜40分（合計40〜80分）で書かせているが，KUBECプロジェクトとではNICEの課題（Topics 1〜11）に合わせて1つのエッセイの時間制限を60分とし，1回の授業で1つのエッセイを作成させた。また，目標語数もICNALEの200〜300語に対して，300語以上とした。したがって厳密な意味ではこの両者の作文条件は異なっており，単純な比較はできないということになる。

7. この中には2012年度と2013年度の3・4年次生の一部が同一のトピックで1年次に作成したエッセイデータ（45名分）が含まれており，対応するデータを比較することで彼らの経年変化が観察できるものと期待される。

8. Content（内容）は，文章の構成や論理展開とは別に，書かれている内容が大学生としてふさわしいものになっているかどうか (whether the essay has the contents that are sufficiently mature and/or appropriate as something written by college students.) について評価する。

9. なお，データ編集インターフェイスは，現在のところ (1) 文法・語法上のエラーをマークするための専用エディターと，(2) エッセイの論理構成にかかわる諸問題をマークするための専用エディターの2種類の開発を考えている。

10. BROWNと LOBはそれぞれ1960年代のアメリカ英語およびイギリス英語100万語を収録したもので，FROWNとFLOBは1990年代のデータを同一のスキームで同じく100万語ずつ収録したものである。TIME Corpus は1992年に発行されたTIME誌の全データを収録したおよそ200万語のコーパスである。本プロジェクトで扱っているエッセイトピックは，環境問題や教育問題，死刑制度，喫煙の是非など社会性の強いものが多く，しばしば新聞や時事雑誌の話題として取り上げられる類のトピックであることから，TIME Corpusを対照コーパスの1つとして使用するのはそれなりに整合性があるものと思われる。

第1章 関西大学バイリンガルエッセイコーパスプロジェクト　31

参考文献

Ferris, D. (1995). Student reactions to teacher response in multiple-draft composition classrooms, *TESOL Quarterly, 29*, 33–53.

Ferris, D. (2004). The "grammar correction" debate in L2 writing: Where are we, and where do we go from here? (and what do we do in the meantime…?), *Journal of Second Language Writing, 13*, 49–62.

Granger, S., Dagneaux, E., Meunier, F., & Paquot, M. (2009). *International corpus of learner English*, v2 (Handbook + CD-ROM), Presses universitaires de Louvain, Louvain-la-Neuve. (ISBN: 978-2-87463-143-6)

Granger, S. (1998). *Learner English on computer*, Longman Pub Group. 邦訳：船城道雄・望月通子監訳 (2008)『英語学習者コーパス入門：SLAとコーパス言語学の出会い』研究社出版.

和泉絵美・内元清貴・井佐原均（編）(2004).『日本人1200人の英語スピーキングコーパス』アルク.

久留友紀子・大年順子・正木美知子・金志佳代子 (2011).「EFLライティング・ルーブリックの検証：授業での運用を通じて」『JACET関西支部ライティング指導研究会紀要』第9号, 13–24.

水本篤 (2012). 「英文解析プログラムから得られる各種指標を使ったテキスト難易度の推定：教材作成への適用可能性」『外国語教育メディ学会 (LET) 関西支部メソドロジー研究部会2012年度報告論集』, 142–150.

Nesselhauf, N. (2004). Learner corpora and their potential for language teaching. In Sinclair, J. M. (Ed.) (2004). *How to use corpora in language teaching* (pp. 125–152). John Benjamins.

投野由紀夫 (2007).『日本人中高生一万人の英語コーパス：中高生が書く英文の実態とその分析』小学館.

Truscott, J. (1996). Review article: The case against grammar correction in L2 writing classes, *Language Learning, 46*, 327–369.

山西博之 (2013).「バイリンガルライティング授業に対する学生の認識：「振り返りアンケート」のテキスト分析結果から」『JACET関西支部ライティング指導研究会紀要』第10号, 57–62.

山下美朋 (2013).「関西大学バイリンガルエッセイコーパスの評価結果（暫定版）に関する考察」未刊行研究ノート.

※本論は関西大学『外国語学部紀要』第9号（2013年10月刊行）掲載の論文をもとにし，加除修正を加えたうえで再掲したものである。

第2章

The Design, Development and Research Potential of Kansai University Bilingual Essay Corpus

Miho Yamashita

Abstract

This paper describes a corpus project currently being undertaken at Kansai University, Osaka. The project officially began in April 2012 and will continue through 2014 for the primary purpose of collecting essay data written in both English and Japanese by undergraduate students. In this paper, the design and the development of the corpus, which we call Kansai University Bilingual Essay Corpus (KUBEC), will be explained, followed by a pilot study conducted on the English part of the data from KUBEC. In the final section of this paper, the author discusses future research to be pursued in the next phase of the project.

1. Introduction

The Kansai University Bilingual Essay Corpus (KUBEC) Project officially started in 2012 at Kansai University in Osaka, Japan. The data included in this corpus are (1) English and Japanese essays collected from undergraduate students, (2) their review comments, (3) background information of the students and their text attributes such as the numbers of word types, tokens, sentences, and paragraphs per essay, word level distribution, and readability scores.

There have been several major projects of learner corpora in Japan so far and their investigations have contributed to clarifying unique features of learner language. However, until now, there has been no bilingual corpus of English and Japanese with the size of KUBEC, and there has been no research on learner texts written bilingually. As one of the members of the project team, the author expects KUBEC to bring about the new "bilingual" perspectives in the study of EFL writing. In this paper, the aim of the project will be outlined, followed by the details of the data collected so far as well as the data collection procedure used in the current project. Finally, one example of our research into the English part of the corpus collected in 2012 will be presented.

2. The Design and Development of KUBEC

2.1 The aim of the project

The ongoing project is scheduled to continue for three years until 2014 for the purposes of (1) collecting essay data written in both English and Japanese on 13 different topics by Kansai University students and compiling them into a large-scale bilingual corpus, and (2) analyzing the corpus data from various viewpoints such as lexical, syntactic, organizational, rhetorical to properly assess and gain insights into the students' linguistic and compositional competences in both languages, although the primary focus is on English. Using the results of these analyses, the project also aims to propose pedagogical methods for effectively teaching English, especially writing in university classrooms throughout Japan. The insights into Japanese essays (writing process, rhetorical organization, etc.) and their relationship to the English counterparts are also to be integrated into the teaching of English writing. This part of the project will be covered briefly in this paper.

2.2 Participants

The participants of the current project are composed of two groups: the students from the Faculty of Foreign Language Studies (five classes) and students from the Faculty of Law (one class). All the students involved in this study submitted a consent form in order to participate in the project.

The students from the Faculty of Foreign Language Studies (G class hereafter) take the requisite subject called "English Writing I" in their freshman year. This is an introductory class where they learn basic skills of paragraph and essay writing. In the second year, under a "Study Abroad (SA)" program, they study at one of the designated universities in English-speaking countries for about nine months. All of the schools offer academic English classes as part of their English language program where students are expected to write essays and reports quite extensively. After they return to Japan, many of the students take "English Writing II" in their third year to further improve their writing skills.

The students in the Faculty of Law (L-class hereafter), on the other hand, have no prior experience in academic English writing nor of studying abroad. They take "English III," an essay writing class as an elective course. Most of the students in this class are sophomores but some of them are juniors.

The two groups are contrasted in terms of L2 proficiency. The English proficiency of the G-class students is considered at intermediate level as their TOEIC scores range from 660 to 840. The L-class, on the other hand, belongs to the beginner level with their scores ranging from 460 to 540.

We consider the former group as our main target of our research because this project was initially started to investigate the writing ability of the students in G-class in relation to the effectiveness of the current English education curriculum at the Faculty of Foreign Language Studies, which includes the SA program. By comparing the skill level of these students to that of the students in the L-class, or those who have no experience of studying in an English speaking country and thus have only studied English within the confines of the Japanese school system, we expect to identify and highlight the characteristics of G-class students who have received an intensive English writing education at Kansai University. However, the number of students in L-class is rather limited ($n = 20$ in 2012). The data obtained for this group will be used only as a reference in the current research.

2.3 "English Writing Ⅱ" and "English Ⅲ" classes

The purpose of "English Writing II" and "English III" classes is to improve the writing skills of the students. The unique feature of these classes is "writing bilingually," which means students are required to write essays both in English and in Japanese under the same 13 topics.[1] In order to make this corpus comparable to other major learner corpora, topics 1 to 11 are taken from Nagoya Interlanguage Corpus of English (NICE hereafter), and topics 12 and 13 from the International Corpus Network of Asian Learners of English (ICNALE hereafter).

36　第1部【理論編】

In each class, students first write an English essay in 60 minutes and a Japanese counterpart in 30 minutes. They are expected to write 300 words or more for the English essay and 800 characters or more for the Japanese. For the 2012 project, students are allowed to use a dictionary when writing essays.[2] They write their essays on a computer and upload them to the designated website created for this project. Figure 1 is an example of the internet interface for the students. Before submitting their essays, students can check the numbers of words, sentences and paragraphs.

Figure 1. HTML interface for essay writing and submission

In the week that follows, in a lesson titled "Review Session," one or two of the students' essays are chosen for class review. Students review both the English and Japanese essays about such points as word choice, grammar, style, organization, contents and intercultural pragmatics. Guided by the class teacher, the students are encouraged to discuss ways to revise and improve upon the essays. The primary role of the teacher is not to directly revise the essays but to provide "scaffolding" to help students notice errors or problems contained within the essays and revise them by themselves.

Teachers elicit correct forms of grammar, for instance, but do not teach it directly to the students. The goal of the instruction is not so much as to teach the students how to write native-like or error-free essays, but to cultivate students' meta-linguistic skills so that they will be able to review both their English and Japanese essays critically and express themselves in writing appropriately and effectively in terms of lexis, syntax and rhetorical conventions.

At the end of the class, students write "Review Comments" in Japanese in which they write about what they learned from the review session. Their comments are also uploaded onto the web database. In 2012, the writing session and review session were alternated every week under the 13 topics. However, teachers have pointed out that from the perspective of 'process writing,' students should be given the opportunity to rewrite and re-edit their texts before the final product is submitted. We have therefore decided to introduce a revision process. From 2013 onward, students are thus required to re-write both of their essays as their homework and upload them before the beginning of the next writing session. The data obtained from the 2012 sessions therefore include students' original essays and review comments, while the revisions are added in the data obtained in 2013.

2.4 The characteristics of KUBEC (ver.2012)

KUBEC has six major features. Firstly, the English part of this corpus is similar to the two major learner corpora in Japan, NICE and ICNALE with regard to the L2 data collection scheme. As previously mentioned, the topics are taken from these two projects to make KUBEC comparable in hopes that investigation into these three corpora will help us to elucidate the unique features of learner texts.

The second feature of KUBEC is that it contains about 60 kinds of information regarding writers' background and text attributes as a part of the corpus. The writers' background information includes age, grade in school, sex, academic major, number of years studying English, overseas experience, English proficiency, etc. The text attributes include the total numbers of word types, tokens, TTR, the numbers of sentences and paragraphs per essay, vocabulary levels as measured by JACET 8000 and readability scores. This information will enable us to examine essays written by university students from various perspectives.

The third feature is that KUBEC is already the largest learner corpus in Japan. As previously mentioned, the Kansai University Bilingual Essay Corpus project officially started in 2012, and data collection will continue through 2014. By the end of 2013, it is expected to contain about 1.3 million words of English essays and 3 million characters of Japanese essays. The English part of the corpus (ver. 2012) currently contains approximately 650,000 running words, and the Japanese part approximately 1.5 million Kana-kanji characters.

The fourth and perhaps the most important feature of KUBEC is that it is a bilingual corpus of Japanese (L1) and English (L2) data. The existing learner corpora are basically monolingual corpora of learners' L2, and the research was conducted according to analytical methodology known as Contrastive Interlanguage Analysis (CIA) (Granger, 1998; Gilquin et al.,

2008). CIA compares varieties of one and the same language: either native language and non-native language, namely interlanguage (NL vs IL) or different non-native languages (IL vs IL). The previous studies have dominantly focused on the comparison of native to non-native languages to identify the features of non-nativeness of learner languages, or how they differ from the target native language. This is determined by the over- and underuse of specific linguistic items or structures. There is no denying that these studies have provided us with invaluable findings on the nature of L2 texts and hypotheses as to the linguistic ability the learners of English possess. However, we assume that "L2 texts" alone do not provide us with valid insights into why they are as they are, or the possible influence from learners' L1. We assume that this will be possible by investigating Japanese texts and comparing them with the English counterparts.

In writing Japanese essays, students are instructed that their essays should not be a word-for-word translation of the English essays, but rather they should be natural as Japanese. There is a high possibility that students think and plan in Japanese in their mind while writing in English (Kobayashi & Rinnert, 1992; Roca et al., 1999), and especially in the "English to Japanese" order, their Japanese versions could be similar and largely comparable to the English counterparts in terms of content and organization. This helps us to detect problems in English texts by reading their Japanese texts. We have already detected several rhetorical problems that the L-class English essays have. Some of them, for instance, suffer from a serious lack of logical flow, and their Japanese counterparts also tend to have the same problem. Such discoveries could lead us to further investigation into the variables that affect L2 writing and the relationships among many variables.

Previous research on L2 writing (Hirose & Sasaki, 1994; Kaplan, 1966;

Kraples, 1990; Raims, 1985) has revealed that the variables influencing the quality of L2 writing include L2 proficiency, L1 ability, composition competence, meta-linguistic ability (awareness to the system of the language), meta-knowledge (strategy of how to write), etc. It has been confirmed that L2 writing ability correlated significantly with L1 writing ability (Carson et al., 1990; Carson & Kuehn, 1992; Sasaki & Hirose, 1996), and L2 proficiency plays a major role in explaining L2 wiring quality (Sasaki & Hirose, 1996). In addition, Kamimura (1996) and Kubota (1998) argue that composition competence is transferable from L1 to L2, and students need a certain level of L2 proficiency to make use of their L1 composition ability. Previous research also shows that complicated interactions among many variables determine the quality of L2 texts. With these issues in mind, we expect KUBEC to offer us with the much needed evidence as to possible cognitive interactions between learners' L1 and L2 while writing and thinking. It is also hoped that the analysis on KUBEC will provide us with new insights into L2 writing that were not available within the existing monolingual paradigm.

Another feature is that KUBEC has "Review Comments" in which students write what they learned from writing sessions and review sessions. These comments, which are written in student's L1, will provide us with important information such as the points students noticed while writing or what they attempted to write but failed to and why this occurred. We expect to gain knowledge of what they learned from the course and how their review comments are reflected in their current and subsequent texts.

The last feature is the easy-to-use internet interface created for both students and the researchers. Students can write their essays directly on the project website and can upload them. For the researchers, the data can be exported to Excel and sorted by the kind of information they are seeking. Figure 2 is an excerpt of Excel data format. For example, columns C-G contain user information (name, sex, grade in school, etc.) and columns L-AB texts attributes (word type, token counts, word level distribution, and readability scores etc.).

In this section, the design, development and features of the Kansai University Bilingual Essay Corpus have been illustrated. Due to its uniqueness and the information included in the corpus, KUBEC is rich in the potential for future research. Details of the possible studies are described in the Future Research section of this paper; however, the analysis of the data obtained in 2012 and 2013 (limited to the first semester) has already started taking place. In the next section, one example of research conducted by this author using the English texts of KUBEC will be introduced.

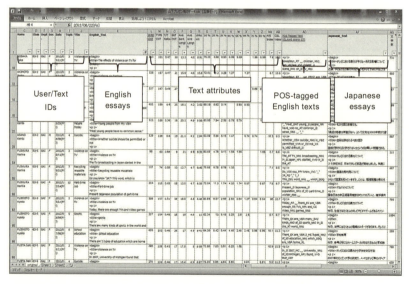

Figure 2. Excerpt from downloaded Excel data (ver. 2012)

3. Research using KUBEC

3.1 Research Design

In this paper, the present author investigates one aspect of learners' texts using the English part of KUBEC (KUBEC-E hereafter) under the research question: What are the major differences of the essays between KUBEC-E and other learner corpora, NICE and ICNALE in terms of lexis?

To answer this research question, the KUBEC-E data were divided into two: one consisting of the data from topics 1-11 and the other from topics 12 and 13 to make them directly comparable to NICE (Version 2.0.1) and ICNALE (Version 2.1) respectively. In order to identify the characteristic words according to student's proficiency levels, G-class texts and L-class texts were analyzed separately Table 1 shows the amount of data collected for each corpus.

Table 1. Total numbers of words, essays and average numbers of words per essay in KUBEC-E, NICE and ICNALE

Corpus	Total No. of words	Total No. of essays	Average No. of words per essay
KUBEC-E	665,752	2,164	307
G-class total[3]	608,154	1,909	318
L-class total[4]	57,598	255	225
NICE-NNS[5]	115,922	342	338
NICE-NS	118,563	200	592
ICNALE-JPN	179,042	800	223
ICNALE-ENS	90,613	400	226

Firstly, as for the basic data, vocabulary density and word level distribution of KUBEC-E are investigated using JACET 8000 as the benchmark. The second analysis is focused on overused words compared to native speakers of English, NICE-NS and ICNALE-ENS. The degree of overuse is measured by the log-likelihood ratio (LL), and the words whose LL values are more than 20 are taken as significantly overused. In this study, the words sorted by their parts-of-speech are looked into so that the ones characteristic to KUBEC-E can be identified in each POS category. The tagger used here is CLAWS with Tagset 7. The concordancer used for KWIC analysis is AntConc 3.2.5w.

3.2 Findings and Discussion

3.2.1 Vocabulary density and word level distribution

Vocabulary density is the measure employed to investigate how many types of words are used in a given text. TTR (type-token ratio) is frequently used as a measure of vocabulary density. However, when the sizes of corpora being compared are different, TTR does not properly reflect the real picture of vocabulary use. Therefore, the Guiraud's index[6] is used in this study because this measure is less sensitive to corpus size and is frequently used in writing studies. The higher the G-index, the more variety of vocabulary the text has. Table 2 shows the numbers of word types, word tokens and G-indices of KUBEC-E and other reference corpora. As for Table 2-1, the variety of topics may have contributed to the higher values of density. The G-indices among the learners across all the topics are lower than those of the native-speakers' corpora. However, the notable point to mention here is that both G-class (17.7 for topics 1-11, and 14.4 for topics 12-13) and L-class (22.0 and 15.4 respectively) hold higher figures than NICE-NNS (16.5) and ICNALE-JPN (12.0), both of which contain data collected from Japanese learners of English.

Table 2. Comparison of the numbers of word types, word tokens and G-indices

Corpus	Type	Token	G-index	
NICE-NNS	5,601	115,922	16.5	Table 2-1
NICE-NS	9,897	118,563	28.7	NICE
G-class (Topics 1-11)	12,747	519,773	17.7	vs
L-class (Topics 1-11)	4,924	50,118	22.0	KUBEC-E

Corpus	Type	Token	G-index	
ICNALE-JPN	5,066	179,042	12.0	Table 2-2
ICNALE-ENS	5,638	90,613	18.7	ICNALE
G-class (Topics 12-13)	4,281	88,381	14.4	vs
L-class (Topics 12-13)	1,328	7,480	15.4	KUBEC-E

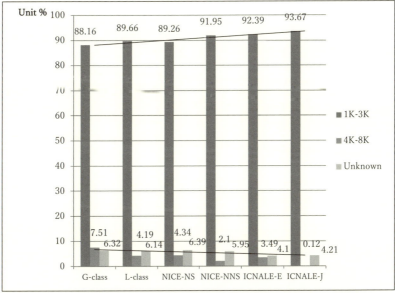

Figure 3. Word level distribution sorted by JACET 8000 among six corpora

Figure 3 shows word level distribution sorted by JACET 8000 levels. The data were divided into three groups: 1000-3000 word-levels (1K-3K), 4000-8000 word-levels (4K-8K) and unknown words. The average high school English textbooks authorized by the government contain words up to the 3000 word-level; therefore, the university students in Japan are expected to possess the knowledge of basic English words up to this level and these words are expected to cover approximately 90% of their vocabulary knowledge (Someya, 2011). Naturally, native speakers of English are expected to have more knowledge of vocabulary above the 4000 word-level than learners; however, Figure 3 shows that G-class texts in KUBEC contain less words at the 3000 word-level (88.16%) and more at the 4000 word-level or above (7.51%) than the other corpora including NICE-NS and ICNALE-ENS. L-class is close to the NS subcorpora at both levels with 89.66% and 4.19% respectively. This is a seemingly strange phenomenon; however, considering the results obtained from Table 2 and Figure 3, it can be speculated that the students in KUBEC may have attempted to use more diverse and difficult words in their essays. This was made possible by the use of a dictionary. It can also be presumed that G-class students in particular acquired a rich knowledge of vocabulary while studying abroad. This result, however, has to be further confirmed by comparing the data with those obtained from G-class in 2013 where students were not allowed to use a dictionary. We also need to check their erroneous usages of the vocabulary because students were not necessarily using these words correctly and appropriately.

3.2.2 Vocabulary Overused by KUBEC students

The overused words sorted by their parts-of-speech revealed some of the words and their usage unique to the students at Kansai University. L-class texts share many overused words found in NICE-NNS and ICNALE-JPN. However, G-class texts have words rarely found in other corpora. It has been found that these words play important roles in controlling logical flow of ideas. Thus, the results of G-class are mainly discussed in this section.

With topic-dependent words excluded, the nouns whose LL values are higher than 20 are taken from the list of overused nouns. Four words, "people," "reason(s)," "problem(s)," "thing(s)" were identified as significantly overused among the learners compared to NICE-NS and ICNALE-ENS. "People" is frequently used among learners with high LL values: 626.2 (G-class), 95.7 (L-class) and 88.1 (NICE-NNS) against NICE-NS, and 175.5 (G-class), 23.7 (L-class) and 209.8 (ICNALE-JPN) against ICNALE-ENS. It is closely related to the overused pronoun "we" and "they." As for "reason(s)," the LL-values are 84.3 (G-class), 33.6 (L-class) and 52.8 (NICE-NNS) against NICE-NS, and 71.2 (G-class), 21.8 (L-class), 74.1 (ICNALE-JPN) against ICNALE-ENS respectively. The popular collocates are "why" and "for" in phrases such as "the reason for" or "the reason why." Evidence suggests that students tend to write essays in an argumentative style regardless of the types of topics given. "Problem" is also popular among the learners especially in G-class (LL-value: 188.9), because the writer needs to identify a "problem" so that he can write about it in his essay as in sentences like "This is the most serious problem." and "The first/second problem is…." G-class rarely used "thing(s)" found in L-class (LL value: 53.2), NICE-NNS (88.1) and ICNALE-JPN (43.8) although previous research (Granger, 1998; Hinkel, 2002) identified "thing(s)" used by the learners to refer to unspecific object(s). It is also interesting to note that the words only found in G-class texts include "essay" and "conclusion" with extremely high LL-values, which means that these two are words uniquely used by G-class students. The popular collocates are "this (essay)" in the linking sentence placed at the end of the first paragraph where writer directs the course of the essay, and "in (conclusion)" in the last paragraph of their essays.

Among the overused pronouns, NICE-NNS and ICNALE-JPN use "I" in disproportionately higher frequencies in comparison to NS (LL value: 73.4 and 23.8 respectively). However, G-class and L-class use "we" and "they" instead.

As for verbs, "think" is overused among L-class (LL value: 182.9), NICE-NNS (385.0) and ICNALE-JPN (284.9) except G-class. Granger (1998) calls it "cover-all *think*" with collocate "I." It is often found in learner texts as they tend to stick to one familiar vocabulary, in this case, "think" to state their opinions. G-class students, however, obviously tried to avoid using "I" and "think" to express their opinions. Instead, they tend to overuse "cause," "mean," "sum" and "mention" in such phrases as "it causes," "it means," "to sum up," and "as mentioned above." These are useful phrases in academic essays.

As for the overused adjectives, evaluative adjectives such as "good," "bad," "difficult," "important" and "useful" are popular among all the learners' texts. In G-class texts, for example, "bad" highly collocates with "effect(s)" (86 times) and "influence" (42 times). One excerpt from the students' essays is, "Divorce has so many bad effects on not only the couple but also their children." They try to place their positions at either pro or con for the topic in an argumentative style. This is most likely the reason why they frequently use evaluative adjectives in their essays.

The most salient feature found in the learner corpora is the use of particular adverbs and conjuncts. Linking adverbs such as "However," "Therefore" and "Moreover" are overused in the four corpora. Among them, G-class texts particularly show significant overuse of these words (LL value: 266.1, 234.8, 119.9 respectively against NICE-NS; 163.8, 67.1 and 105.2 respectively against ICNALE-ENS), followed by "for example," "for instance," and "in addition." Adverbs of "sequencing" such as "Firstly," "Secondly," "Thirdly" and "Finally" are also frequently used by the learners. Since these adverbs of "sequencing" connect sentences or paragraphs, this result implies that learners' texts have the structure typical of essay writing.

"Recently," "Nowadays" and "Today" are also overused at the beginning of the first sentence of the introductory paragraph. LL values for "Recently" for example are 34.0 (G-class), 24.8 (L-class) and 27.1 (NICE-NNS). This can be attributed to the direct transfer from their L1 texts where background information of the topics tends to be included as a hook starting with "Recently (Nowadays, Today)..." in the beginning of the first paragraph.

Finally, as to the use of conjuncts, there is a significant difference among the learners. L-class, NICE-NNS and ICNALE-JPN use "But," "And" and "Because" at the beginning of sentences. On the contrary, G-class students try to avoid these conjuncts and use "However" and "Therefore" instead. This different usage of linking adverbs and conjuncts among the learners is apparent as shown in Figures 4 and 5.

To summarize the results, G-class students seem to be highly aware of the formal style of academic essays, as they avoid the use of "I," "think," "And," "But," and "Because" which are quite frequent in L-class, NICE-NNS and ICNALE-JPN. Their essays are, on the other hand, overly dependent on transition markers such as "However," "Therefore," and "Moreover"; frame markers to form the structure of the essays including "This essay," "In sum," and "In conclusion"; and adverbs of sequencing such as "Firstly," "Secondly," "Thirdly," and "Finally."

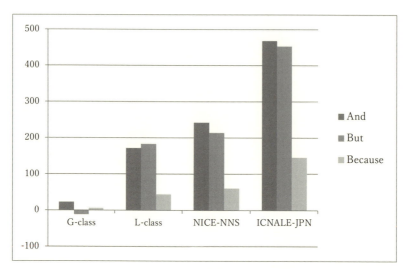

Figure 4. LL Values of Overused conjuncts "And," "But," "Because" among the four learner corpora

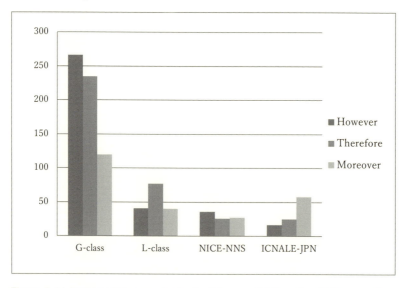

Figure 5. LL Values of Overused adverbs "However," "Therefore," "Moreover" among the four learner corpora

Using these vocabulary and phrases, their essays are structured as if the students were automatically placing their ideas into the "frame" of the essay they had learned. The essay below Figure 6, which was written by a G-class student, is a typical case in point. It is obvious that the essay is well-structured and organized with an appropriate amount of content, and each paragraph being connected with the linking adverbs and conjuncts mentioned above.

Topic 1: Environmental pollution

Recently, there has been a great deal of problems relating to environmental pollution not only in Japan but also all over the world (*general information*). The global warming, which has been caused mostly by emission of CO2, could be the most severe one. Working out solutions for this serious problem could be the most controversial issue. This essay will focus on the solutions which could be done individually and comparatively easily (*directing the essay*).

At first, there are some ways to make the problems better when people do shopping (*claim*). In recent past, a lot of echo goods have been produced by various companies. Therefore, people can help for solving the problem by buying these products (*support*). In addition to this, it could be helpful to bring their own bags to avoid using plastic bags because the garbage problem relating to global warming has been serious. It could make the amount of garbage reduce to some extends (*support*).

Secondly, some solutions could be practiced at home. When the electricity is produced, huge amounts of CO2 would be emitted. Thus, not using useless electricity could be the solution for global warming (*claim*). For instance, people should unplug the home electric appliances when they do not use them. Too much air-conditioning should be avoided (*support*).

Finally, the recycling would be efficient way for the problem (*claim*). Recycling would also cut down on the amount of garbage. Then, people should follow the rules of garbage separation according to the type for example, whether it is burnable or not, recyclable or not. Furthermore, people could do recycle their clothes by selling them to recycling shops or giving them to friends or relatives (*support*).

As a conclusion, there could be a great deal of solution which people can do personally (*restate the argument*). Even though the global warming have been serious and getting worse these days, there could be the way to solve the problem. To make the situation better, it would be crucial that people recognize the issue and do actions in personal levels (*widen the perspective of proposition*).

Figure 6. Sample essay written by a G-class student[7]

The annotation given in the parentheses indicates the functional components of an argumentative essay identified by Hyland (1990). He argues that these are the basic components to create the logical flow of an argument. Many of the G-class texts contain these components as shown in the sample below. G-class students probably acquired this typical form of essay during the year of studying abroad and over the course of "English Writing II." Although further studies are needed to confirm this assumption, students in G-class seems to be ready to be good writers with additional training for grammatical accuracy.

3.3 Future Research

The research into the English part of KUBEC (ver.2012) highlighted some of the lexical features of G-class texts; however, further research is necessary to cement the results of the current analysis. Firstly, error analysis has to be conducted for the vocabulary used by both G-class and L-class in order to gain a deeper understanding of their vocabulary use. Secondly, the educational or instructional influence on the lexical and rhetorical features identified among G-class text has to be looked into. With regards to whether they acquired this rhetorical form of the essay in "English Writing II" or "SA program," we can find an answer by looking further into L-class essays. This investigation may include direct interviews with the students so as to come to understand what they have learned from the second-year SA program and class observation in order to examine teachers' instruction and their interaction with the students.[8]

As for the future research, by using the various kinds of information in KUBEC, the following studies are possible and some of them are already in the process of analysis. The present author has started comparison between

English texts and Japanese texts in terms of rhetorical structures of both English and Japanese. This investigation deals with the issue of whether logical competence of either English or Japanese can be transferable. It is closely related to meta-linguistic ability underlying English and Japanese composition; therefore, we need to take a closer look at the real-time process of writing in addition to the retrospective interviews conducted with the students. As mentioned in section 2.4., variables affecting the quality of L2 writing are interrelated. We would like to know how they relate to the production of quality writing, which is not attainable only through textual analyses. Another possible area of research is the investigation of the development of writing competence over the year under the 13 cycles of writing-reviewing-revising in the year of 2013 which has just finished as of this writing. Both G-class and L-class students must have learned many things from the "Review Sessions," even though the teaching was rather implicit. What did they learn from the sessions? How did they try to revise their original texts? Were their texts improved, and in what way? These are quite intriguing questions in clarifying the role of feedback in the teaching of writing.

In this paper, a brief outline of the on-going project of the Kansai University Bilingual Essay Corpus, one pilot study using the corpus and possible research have been described. The present author hopes that by looking into the texts in KUBEC especially from a bilingual perspective, new insights into the problems specific to Japanese learners of English will emerge; thereby providing us with better pedagogical tools with which to help improve their writing.

第2章　The Design, Development and Research Potential of Kansai University Bilingual Essay Corpus　53

Notes

1. The essay topics are 1) Environmental pollution, 2) Violence on TV, 3) Young people today, 4) Suicide, 5) Sports, 6) School education, 7) Recycling reusable materials, 8) Money, 9) Divorce, 10) Death penalty, 11) Crime, 12) Part-time job, and 13) Smoking.

2. Initially we considered the use of a dictionary to be a natural component of the process of writing and thus expected the students to learn to use this tool effectively. However, the use of the dictionary in classroom sessions was prohibited for G-class in 2013 and will be prohibited for L-class in 2014. We believed that the negative aspect of this restriction would be offset by providing them with the opportunity of preparing revised versions of their essays at home where they were free to use any reference material. Furthermore, there was no time limit imposed on the students for writing revisions.

3. G-class by topics: Topics 1-11 (519773 words), Topics 12-13 (88381 words)

4. L-class by topics: Topics 1-11 (50118 words), Topics 12-13 (7480 words)

5. NNS and JPN: Japanese students; NS and ENS: native speakers of English

6. The formula of Guiraud's index (R)

$$R = \frac{V(N)}{\sqrt{N}}$$ N = number of tokens, V = number of types

7. The words in the boxes and the double-underlined phrases are the linking adverbs, conjuncts and other linking phrases identified in this study. Annotation in the parentheses is the basic components Hyland (1990) identified in argumentative essays. The present author applied all these annotations based on her analysis.

8. This could be conducted on the students in 2013 or 2014 since they receive or will receive practically the same instruction with the students in 2012.

References

Carson, J. E., Carrell, O. L., Silberstein, S., Kroll, B., & Kuehn, P.A. (1990). Reading-writing relationships on first and second language. *TESOL Quarterly, 24*, 245–266.

Carson, J. E., & Kuehn, P.A. (1992). Evidence of transfer and Loss in developing second language writers. *Language Learning, 42*, 157–182.

Granger, S. (1998). *Learner English on Computer.* London and New York: Addison-Wesley Longman.

Gilquin, G., Papp. S., & Diez-Bedmar, M.B. (2008). *Linking up contrastive and learner corpus research.* Amsterdam, The Netherlands: Rodopi.

Hirose, K., & Sasaki, M. (1994). Explanatory variables for Japanese students' expository writing in English: An explanatory study. *Journal of Second Language Writing, 3*, 203–229.

Hinkel, E. (2002). *Second language writer's text: Linguistic and rhetorical features.* New Jersey: Lawrence Erlbaum Associates, Inc.

Hyland, K. (1990). A genre description of the argumentative essay. *RELC Journal, 21*, 66–78.

Kamimura, T. (1996). Composing in Japanese as a first language and English as a foreign language: A study of narrative writing. *RELC Journal, 27*, 47–69.

Kaplan, R. (1966). Cultural thought patterns in intercultural education. *Language Learning, 16*, 1–20.

Kobayashi, K., & Rinnert, C. (1992). Effects of first language on second language writing: Translation versus direct composition. *Language Learning, 42*, 183–209.

Kraples, R. (1990). An overview of second language writing process research. In B. Kroll (Ed.), *Second language writing* (pp. 37–56). New York: Cambridge University.

Kubota, R. (1998). An investigation of L1-L2 transfer in writing among Japanese university students: Implication for contrastive rhetoric. *Journal of Second Language Writing, 7*, 69–100.

Raims, A. (1985). What unskilled ESL students do as they write: A classroom study of ESL college student writers. *Language Learning, 19*, 229–258.

Roca de Larios, J., Murphy, L., & Manchon, R. (1999). The use of restructuring strategies in EFL writing: A study of Spanish learners of English as a foreign language. *Journal of Second Language Writing, 8*, 13–44.

Sasaki, M., & Hirose, K. (1996). Explanatory variables for EFL students' expository writing. *Language Learning, 46*, 137–174.

Someya, Y. (2011). Output training in English classrooms: Bridging the gap between input and output. 『関西大学外国語学部紀要』(*Journal of Foreign Language Studies*)*, 5*, 93–132.

※本論は「英語コーパス研究」第21号掲載の論文を英語コーパス学会の許諾のもと再掲したものである。

第3章

英文エッセイの「構造・論理分析ツール」の開発

染谷　泰正

はじめに

　学生の英語力の低下が叫ばれて久しい。その中でもとくにライティング力の低下はほとんど目をおおわんばかりの状況にある。もっとも「低下」というのは当たらない。日本人大学生の英語力が全国的な規模で高かったためしはかつてなかったからである。このことはとりあえずおいておくとして，英語教師の実感としては，学生の英語力の低迷は疑いようのない事実である。

　こうした現状を受けて，関西大学外国語学部では，学生の英語力の実態をより正確に把握することを目的に，学生が書いた英文エッセイの収集を開始し，2013年度からはこれを「関西大学バイリンガルエッセイコーパス」（略称 KU BE-Corpus, aka KUBEC）プロジェクトという名称のもと，複数の教員による科研費助成研究として実施している。プロジェクトの詳細は別の報告書（山西他, 2013; 山西, 2013; Yamashita, 2014：それぞれ，本書第1章；第4章；第2章）を参照していただくとして，本論では同プロジェクトの一環として開発した英文エッセイの構造・論理分析のためのツール（構造・論理タグエディタ）についてその概要を紹介する。

56　第1部【理論編】

1. 「構造・論理タグエディタ」の概要

1.1 そもそも何をするためのものか？

　学生の書いた英文エッセイには，英語の言語的な問題のほかに，構造的問題（＝エッセイ／パラグラフがうまく組み立てられていない）や，論理的・修辞的な問題（＝論理的な整合性がない，文がつながらない，何をいいたいのかよくわからねーぞ！）が多く含まれている。この「構造・論理タグエディタ」は，こうした構造的および論理的・修辞的な問題点を，できるだけ簡単な方法で分析し，抽出することを目的としたツールである。具体的には，その名称が示すとおり，以下の2つのことを行う。

①機能的構造分析：学生の作成した英文エッセイを構成する各パラグラフに，それぞれどのような機能的構成要素（i.e., Introduction/Opener, Thesis Statement, Organizer, Topic Sentence, Supporting Sentence, Extender, Transitional Sentence, Closing Sentence, Kicker などの義務的要素と選択的要素）があるか，またはどの要素が欠けているかを見る（学生の書いた英文エッセイには必ずしもこうした標準的な機能には収まらない文要素＝したがってタグが付与できないもの＝が含まれていることがあるが，このツールを使うことで，そのような「逸脱」も適切に把握できるようになることが期待される）。本システムではこのような機能的構成要素に加えるタグを「構造・機能タグ」（Structural-Functional Tag; 略して「構造タグ」または S Tag）と呼ぶ。

②論理関係および修辞構造分析：各センテンス間の論理的・修辞的関係（i.e., ある文 (S1) が他の文 (S2) に対してどのような論理的・修辞的関係にあるか。たとえば，S1 はS2 に対して背景情報（background information）という関係にあるとか，S2 は S1 の例示（example）という関係にあるといった関係性）を見る。タグは，Rhetorical Structure Theory

(Mann, W.C., & Thompson, S.A. 1988) をベースに，その他の研究成果も取り入れて独自に設定した。なお，前記①と同様に，学生の書いた英文には，必ずしもこうした既成の「タグ」で定義され得るような明瞭な論理関係がないもの＝したがってタグが付与できないもの＝が少なからずあるが，このツールを使うことで，そのような「逸脱」も適切に把握できるようになるものと思われる。本システムではこのようなタグを「論理・修辞タグ」（Logical-Rhetorical Tag；略してL Tag）呼ぶ。

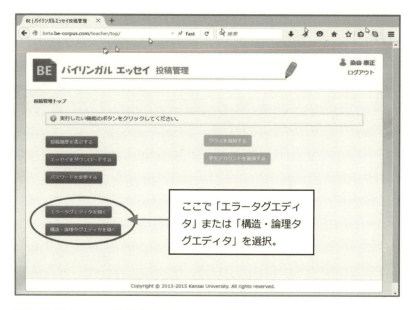

図1．KU BE-Corpusの投稿管理画面（トップ画面）

　図1は，KU BE-Corpus サイトの投稿管理画面（ログイン後のトップ画面）である。この画面の左下には，「エラータグエディタ」と「構造・論理タグエディタ」の2つのツールが用意されている。ここで後者を選択すると，図2に示す「構造・論理タグエディタ」の初期画面が表示される。

画面の左ペイン上部には"Load Essay File"と表示された機能バーがあり，これをクリックすると画面右にポップアップウィンドウが表示され，ここから作業対象とするデータファイルを指定する。この画面では見にくいが，このポップアップウィンドウには，すでに登録済みのエッセイデータを年度別またはクラス別に収録したデータのファイル名が表示されている。

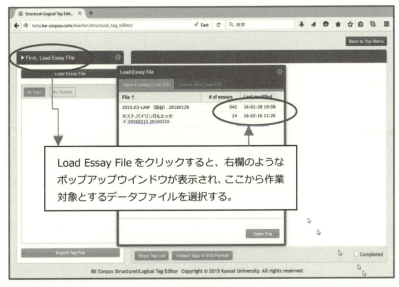

図2. 「構造・論理タグエディタ」の初期画面

　作業対象ファイルを選択すると，図3のような画面になり，左側ペインにエッセイの作成者名（またはID）とエッセイタイトルの一覧が表示され，そのうちのいずれかのエッセイを選択する。図3は選択したエッセイデータが読み込まれた画面である。

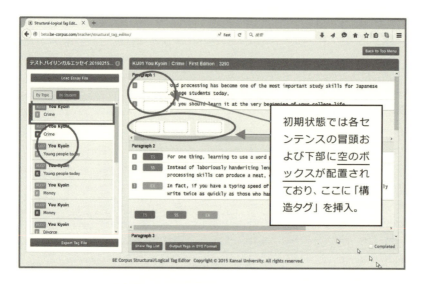

図3. エッセイデータを読み込んだ画面

1)「構造タグ」(S Tag) の挿入

　エッセイは，右側のペインに，パラグラフごとにセンテンス単位で自動分割されて表示される。ただし，各センテンスはデータ読み込み後に手動で再分割することも可能である。この図ではいささか見にくくなっているが，各センテンスの左側にはセンテンス番号が付与され，その後に空のボックスが用意されている。この空ボックスをマウスでクリックすると，図4に示すような形で S Tag の一覧がポップアップ表示され，この一覧から該当するタグを指定すると，前記の空ボックスに指定のタグが挿入されるとともに，当該パラグラフの末尾にもこれが順次コピーされるという仕組みである。図4には，第1パラグラフと第2パラグラフについて，それぞれ S Tag が付与された状態が表示されている。なお，一覧性を高めるために S Tag はそれぞれ異なったカラーで表示される（カラー指定はユーザが任意に設定することができる）。

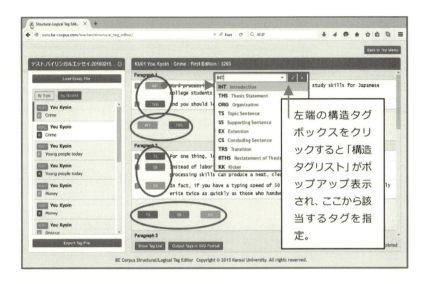

図4.「構造タグ」（S Tag）の付与

2)「論理・修辞タグ」（L Tag）の挿入

　S Tag の挿入が終わったら，次に「論理・修辞タグ」を挿入する（図5）。前述のとおり，L Tag は原則として隣接する2センテンス間の論理・修辞関係を明示的に表示するもので，本システムでは各パラグラフの末尾に横一列に表示されている構造タグ上にアサインする。例えば，[TS]と [SS] という2つのタグが並んでおり，後者は前者に対して ELBR (Elaboration) という関係にある場合，マウスを [SS] から [TS] に向かってなぞると，L Tag の一覧がポップアップ表示され，ここから ELBRを指定すると，この2つの S Tag の上部に矢印で方向が指定されたL Tagが挿入される（タグ確定前は構造タグの下に点線で，確定後は上部に実線で表示）。なお，何らかの L Tag を指定すると自動的にコメント欄が開き，ここに任意のコメントを追加することができる（図5の解説②参照）。挿入したコメントは，タグ付け終了後にデータを出力する際，自動的に

所定の位置に表示される（出力例は図9参照）。図6にすべてのタグ付け作業が完了した画面例を示す）。

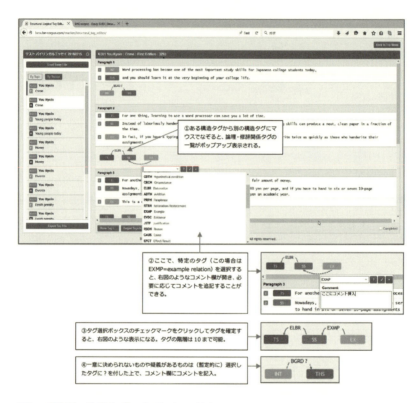

図5. 「論理・修辞タグ」（L Tag）の付与

図6. タグ付け完了画面

3) データの出力1:テキストデータの出力

　ひとつのエッセイのタグ付けが終了したら,次は結果の出力である(ただし,その時点で作業を終了してもよい)。タグ付け結果の出力には,①タグをテキストデータとして出力する方法と,②SVG イメージとして出力する方法の2つが用意されている。いずれも, 図6の画面下部に表示されている [Show Tag List] と [Output Tags in SVG Format] という機能ボタンをクリックすると直ちに所定の出力結果が表示される。前者の場合,さらに S Tag だけを横一列に一括表示させる方法と,センテンス単位で縦一列に表示する方法,および S Tag と L Tag をセンテンスごとに並列表示させる方法の3つのオプションが用意されており,それぞれ目的に応じて選択することができる。図7はこのうち3つ目の方法で,すべてのタグをテキストデータとして出力した例である。

```
P1      S1      <INT> <BGRD?: 1,2>
        S2      <THS>
P2      S1      <TS>
        S2      <SS> <ELBR: 2,1>
        S3      <EX> <EXMP: 3,2>
P3      S1      <TS>
        S2      <SS> <CNTR: 2,1>
        S3      <EX> <PRBL: 3,2>
P4      S1      <TS>
        S2      <SS> <ELBR: 2,1>
        S3      <EX> <ELBR: 3,2>
        S4      <EX> <CSSN: 4,3>
P5      S1      <RTHS>
        S2      <KK> <ELBR: 2,1>
```

図 7. タグをテキストデータとして出力した例

　このうち，最初のカラムはパラグラフ番号，カラム 2 はセンテンス番号，カラム 3 は構造タグ（S Tag），カラム 4 は論理・修辞タグ（L Tag）を示す。なお，L Tag の表示シンタクスは <TAG: α, β> という形式で，これは「α は β に対して TAG という関係にある」という意味である。より具体的には <BGRD: S1, S2> は「S1 は S2 に対して BGRD [= Background] の関係にある」という意味であり，同じく <ELBR: S2, S1> は「S2 は S1 に対して ELBR [= Elaboration] の関係にある」と解釈される。

4）データの解釈（例）

　図 7 に示した出力データからどのようなことが読み取れるだろうか。もちろん，データの解釈はどこに焦点を当てるか，あるいは何を見ようとしているかによって異なってくるが，ごく概論的には，このデータから当該のエッセイについて次のような評価が可能であろう。すなわち，

64　第1部【理論編】

「このエッセイは P1 から P5 までの 5 つのパラグラフで構成され，各パラグラフ内のセンテンスは，それぞれカラム 3 に示したような機能的役割を担っている。また，各パラグラフ内の隣接センテンスは，カラム 4 に示したような論理的・修辞的関係で結ばれている。構造的および論理的に特に破綻していると思われる箇所は見られない」。

　要するに，当該のエッセイの中身を詳細に検討する前に，ここまでのことが言えるということである。詳細な検討の対象となるのは，主としてこの段階で顕著な，あるいは面白い「逸脱」がみられるデータということになる。本プロジェクトのように数百万語におよぶ大量のデータを扱う場合，すべてのデータについてその構造的および論理的・修辞的な特徴や問題点について詳細に分析することは不可能であり，何等かの方法でデータのスクリーニングをする必要がある。前述のこのツールの目的からして，ここまでのことができれば，とりあえずほぼ十分であると考えられる。

5）手作業での構造明示化と再分析

　図 8 は，前記のタグデータをワープロの図形編集機能を使ってより詳細に構造化（基本構造の可視化）した上で，このデータに特徴的な論理展開を赤字（図 8 中では，P3 での <CNTR> と <PRBL>，P4 での <CSSN> が該当）でハイライトし，さらに当初の分析では明らかになっていなかった推論（inference）に基づく非明示的な修辞関係を手動で明示化したものである。

　この分析図から，次のようなより高度な再解釈を導き出すことができる。すなわち，「当該のエッセイの論理構造を見ると，全体としてはほぼ標準的なものになっているが，P3 での <CNTR> (counter argument)，<PRBL> (problem statement)，および P4 での <CSSN> (concession) の出現が特徴的である。このうち，前者は TS (P3-S1) でこのパラグラフのト

ピックを提示したあと，次の文でそれとは反対の議論を起こし，これを問題提起としている。この問題提起 (P3-S3) は，これ以降，明示的には敷衍されておらず，TS との論理関係は読み手の推論（inference）に任せている（図8の **{INFR: P3-S3, P3-S1}** 参照）。ここは，いわば日本語的な発想がよく出ている箇所と言ってよいだろう（英文の規範からいえば，『<u>だから</u>ワープロを自分で使うことで余計な出費を抑えるようにすべきである』のような文を置いて，このパラグラフの TS との論理関係を明示的に示すことが書き手の責任であるとされる）。P4-S4 の <CSSN> は，ここで筆者が主張していることが必ずしも常に真であるとは限らないが，「<u>それでもなお</u> P4-S1 での主張には利点がある」，という論法である。

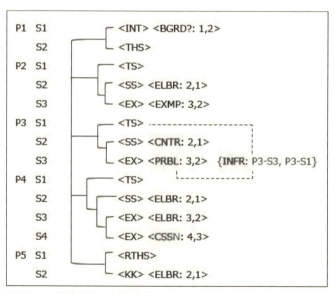

図8. 手作業での構造明示化と再分析

なお，紙面の都合上，ここでは本文データ（300 words）を示すことができないが，この再解釈・再分析は，当該のエッセイ本文を参照しなが

ら行ったものである。タグデータからわかるのは，全体の傾向や特徴的なパターンのみであって，それ以上のことはやはり本文そのものに立ち戻って詳細に検討する必要があることは言うまでもない。

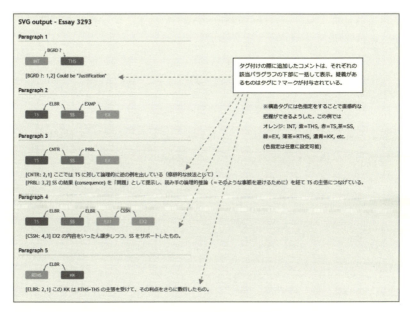

図9. 分析データを SVG イメージとして出力した例

6) データの出力 2：SVG イメージの出力

　図 9 は，タグデータを SVG イメージとして出力した例である。前述のとおり，タグの指定画面で何らかのタグを選択すると自動的に「コメント欄」が開き，必要に応じて任意のコメントを追記することができるようになっている（図 5 の解説②参照）。ここで挿入したコメントは，図 9 に示したような形式で出力させることができる。たとえば，Paragraph 1 では [INT] (introduction) と [THS] (thesis statement) が [BGRD] (background information) という関係で結ばれているが，見方によっては

第3章　英文エッセイの「構造・論理分析ツール」の開発　67

これは "Justification" という関係にあるということもできる。このように，何らかの疑義がある場合は，とりあえず選択したタグにクエスチョンマーク (?) を付した上で，コメント欄にコメントを追記し，作業終了後に，これを一括して出力させることができる。タグは必ずしも一意に決めることができない場合があり，この機能はタグ付け作業後の詳細分析の際に，大いに役に立つものである。

おわりに

　以上，KU BE-Corpus プロジェクトの一環として筆者らの研究チームが開発した「構造・論理タグエディタ」の概要について紹介した。このツールはようやく開発が終わった段階であり，今後は，これをすでに収集済みの大量のエッセイデータに対して適用し，その有効性を検証するとともに，問題点や課題等を明らかにしていきたいと考えている。なお，このツールは，筆者らが開発したこの他の分析ツールとともに，適切な時期に一般公開する予定である。

参考文献

山西博之・水本篤・染谷泰正 (2013). 「関西大学バイリンガルエッセイコーパスプロジェクト：その概要と教育研究への応用に関する展望」『関西大学外国語学部紀要』9, 117–139.

山西博之 (2013). 「バイリンガルライティング授業に対する学生の意識：「振り返りアンケート」のテキスト分析結果から」『JACET関西支部ライティング指導研究会紀要』10, 57–62.

Yamashita, M. (2014). The design, development and research potential of Kansai University Bilingual Essay Corpus. 『英語コーパス研究』22, 19–35.

※本論は「大阪大学サイバーメディア・フォーラム」第17号掲載の論文をもとにし，加筆修正を加えたうえで再掲したものである。

第 2 部

【実践・研究編】

第4章

バイリンガルライティング授業
に対する学生の認識
—— 「振り返りアンケート」のテキスト分析結果から ——

山西　博之

はじめに

　本論では,「関西大学バイリンガルエッセイコーパス」（KUBEC）プロジェクトにおいて, 関西大学外国語学部の「英語ライティング2」で行われた英語・日本語バイリンガルライティング授業の概要を紹介し, そのような授業の効果検証の一環として1年間の授業終了時に学生が書いた「振り返りアンケート」をテキスト分析（IBM SPSS Text Analytics for Surveysを使用）した結果を報告する。そうすることで授業改善のための示唆を得ることを目指す。

1. 授業の概要

　関西大学外国語学部の学生は, 1年次に必修科目の1つである「英語ライティング1」という科目において, 1年間パラグラフライティングやエッセイライティングの基礎を学ぶ。その後, 2年次にSA(Study Abroad) 制度により英語圏または中国に1年間の留学をし, ライティングに関しては, 各留学先大学のカリキュラムに従った授業を受ける。SA終了後の3年次

には，それまで培ってきた英語ライティングの知識や技能を強化するために，「英語ライティング2」という選択必修科目（英語圏に留学した学生は必修扱い）を1年間履修することになっている。学部発足から4年目の2012年度は，この「英語ライティング2」が開講される2年目となる。開講2年目の2012年度から新カリキュラムに移行する2014年度までの3年間は，すべての「英語ライティング2」のクラスで統一の講義概要・到達目標のもとに授業が行われるコーディネート科目となっている。

【講義概要】
本授業では1年を通じて大量の英文を書き，これまでに培った英文ライティング力にさらに磨きをかけていきます。基本的には，①最初の授業で英文ライティングの基本的な枠組みについて復習し，②その後，2週ごとに指定のトピックについて英語と日本語でそれぞれエッセイを作成，これを次の週に語彙 (word choice)，文法 (grammar)，文体 (style)，構成 (organization)，内容 (contents)，および異文化語用論 (intercultural pragmatics) という6つの観点から見直し，推敲する，というスタイルで進行していきます。課題文はすべてパソコン上で作成し，インターネット経由で提出します。なお，作成標準時間は英文が1時間，　和文が30分，語数は英文＝300〜500語，和文＝800〜1200字を目標語数とします。
【到達目標】
与えられたトピックについて，論理構成，文法的正確さ，および異文化語用論的な諸問題等に十分に注意を払いながら，所定時間内に　一定語数以上の英文を作成できるとともに，作成した英文を客観的に見直し，必要に応じて適切に推敲できるようになること。
【トピック】[1]
　［春学期］
Topic 1. Environmental pollution（環境汚染について）; Topic 2. Violence on TV（テレビにおける暴力について）; Topic 3. Young people today（最近の若者について思うこと）; Topic 4. Suicide（自殺について）; Topic 5. Sports　（スポーツについて）; Topic 6. School education（学校教育について）
　［秋学期］
Topic 7. Recycling reusable materials（資源の再利用について）; Topic 8. Money（お金について）; Topic 9. Divorce（離婚について）; Topic 10. Death penalty（死刑について）Topic 11. Crime（犯罪について）; Topic 12. Part-time job（アルバイトについて）; Topic 13. Smoking（喫煙について）

図1. 「英語ライティング2」の講義概要・到達目標・トピック

　この「英語ライティング2」の講義概要と到達目標，および13のトピックは以下の図1の通りである。講義概要に示されているように，この授業は英語でのエッセイライティングだけでなく，同じトピックに関する日

本語のエッセイも作成する「バイリンガルライティング」の授業である。
また，エッセイ作成は隔週で行われ，その後の週では原則として他の学
生が書いたエッセイをレビューするという形で授業が行われる。

　なお，英語・日本語エッセイはPCの設置された教室内でMicrosoft
Word®を使用して作成し，エッセイの提出は本授業用のウェブサイトの
掲示板に投稿するという形式を採った。また，英語・日本語のエッセイ
の作成順・内容に関しては，「エッセイの内容は英語，日本語とも同じも
のとする。ただし，書く順番については講師の指示にしたがうこと（とく
に指示がない場合は，英文→和文の順で書く。なお，この場合，日本
語エッセイは英文エッセイの「英文和訳」ではなく，日本語エッセイと
して適格かつ自然なものとして作成すること）」（本授業用ウェブサイト
のRead Me Firstより引用）という具体的な指示を与えた。

2. 参加者と倫理的配慮

　2012年度の「英語ライティング2」は全5クラス開講され，1クラスあた
りの履修人数は約35名であった。本論では，そのうち，著者が2012年度
に担当した1クラス（履修学生数34名; 英語資格試験スコアの平均は表1
参照）の学生に対して行った調査結果を報告する。

表1. 参加者の英語力（英語資格試験スコアの平均）

TOEICスコア	TOEFLスコア
802.5 (39.26)	510.07 (23.71)

注. カッコ内は標準偏差

　「英語ライティング2」を受講した学生は，2012年度春学期の初回の授
業において，「関西大学バイリンガルエッセイコーパス」（KUBEC）プロ

ジェクトの参加に関する同意書を，自筆の署名をした上で提出した。この同意書を提出することによって，エッセイデータの教育研究目的における提供と同意書内で尋ねた個人情報（英語学習歴，英語の資格，留学歴，日頃の英語使用状況等）の提供に同意（ただし，提供された個人情報は外部には公表しない）した学生のみ，授業で得たデータを分析するという倫理的配慮を行った。

3. 「振り返りアンケート」

「英語ライティング2」の授業は，図1に示された通り，全13のトピックに対して隔週のペースで英語・日本語のエッセイを作成し，次の週にレビューを行うという形態で1年間進行した。その過程において，毎エッセイ作成回のエッセイデータおよび毎レビュー回のリフレクションの自由記述データをはじめ，様々なデータを収集した。これらのデータは，「英語ライティング2」だけでなく，外国語学部のカリキュラム，さらには関西大学におけるライティング教育・研究の改善のために分析・活用される（一例としては，英語・日本語のバイリンガルコーパスの作成）。

そのような一連のデータのうち，本論では，「英語ライティング2」自体の効果あるいは授業の実態を学生の視点から把握するため，授業最終回に行った「振り返りアンケート」のデータを分析する。

この「振り返りアンケート」は，1年間の授業を学生が振り返り，彼らがどのように感じていたかという認識を自由記述で尋ねるという方式を採り（データの収集にはGoogle Documentのオンライン回答フォームを使用），質問内容としては，「エッセイ作成にあたって難しかったこと」（英語・日本語別），「エッセイ作成にあたって気をつけたこと」（同），「どのような力がついたか」（エッセイの作成・エッセイのレビュー別）について尋ねた。

第4章　バイリンガルライティング授業に対する学生の認識　73

本論ではこのような質問のうち，授業の形態や在り方に大きく依存すると考えられる「難しかったこと」と「ついた力」に関する4つの質問に焦点を絞り，質問に対する学生の回答の全体的な傾向を把握するため，IBM SPSS Text Analytics for Surveys (ver. 4.01) を用いたテキスト分析を行った（この分析方法の詳細に関しては，内田・川嶋・磯崎, 2012; 山西, 2011を参照）。

4. 結果と考察

4.1 「英語エッセイ作成」で難しかったこと

　最初の質問である「「英語エッセイ作成」にあたり，どのような点がもっとも難しかったですか」の分析結果は図2に示された通りである。

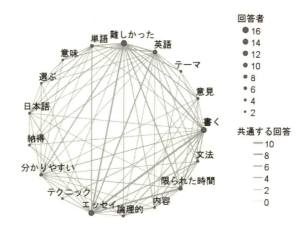

図2.「英語エッセイ作成」にあたり，どのような点がもっとも難しかったですか

　ここから，学生は，1時間という限られた時間内で，指定されたアカデミックなトピックに関して，分かりやすく論理的で読み手を納得させら

れる英語エッセイを書くことに困難を感じていたことが読み取れる。具体的な実際の回答コメント（以下，全て原文のまま）を抜粋として示す。

抜粋1
限られた時間で一定の分量を書くこと，そしてちゃんと他人が読んでわかりやすい構成を作ることが難しかった。

抜粋2
エッセイのトピックが毎回自分の身近な問題とは限らなかったし，それでもしっかり論理的なサポートを付け加えないといけなかったところが難しかったです。限られた時間内に，余計な内容を入れずにある程度文字数のあるエッセイを書くということが難しいと思いましたが，同時によい練習であったとも思いました。

4.2 「日本語エッセイ作成」で難しかったこと

　2番目の質問である「「日本語エッセイ作成」にあたり，どのような点がもっとも難しかったですか」の分析結果は図3に示された通りである。

　この結果は，英語エッセイ（あるいは英語）のニュアンスを残しながら，また直訳にならないように日本語エッセイ（あるいは日本語）に置き換えることに困難を感じていたと解釈できる。このことは，英語エッセイの作成とは異なる困難さであったといえる。また，以下の抜粋からも確認できるが，第1節で述べた学生への指示である「日本語エッセイは英文エッセイの「英文和訳」ではなく，日本語エッセイとして適格かつ自然なものとして作成すること」という指示にもかかわらず，多くの学生が「英文和訳」を行っていたことが分かった。

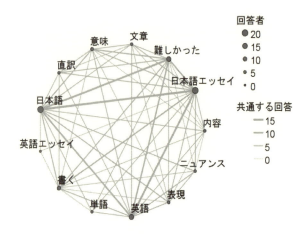

図3.「日本語エッセイ作成」にあたり,どのような点がもっとも難しかったですか

抜粋3
英語の文章を直訳するのではなく,日本語として意味の通る,わかりやすい文章にすることが難しかったです。

抜粋4
初めに英語で考えてエッセイを仕上げているので,それを日本語に訳すような形になり,使ってる単語や言い回しがときどき変になってしまう。単語やフレーズの的確な訳(日本語)が頭に浮かばなかった。それが難しかった。

4.3 「エッセイ作成」によりついた力

　3番目の質問である「「エッセイ作成」を行うことで,どのような力がついたと感じますか」の分析結果は図4に示された通りである。

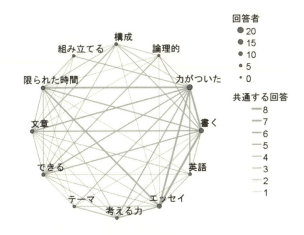

図4.「エッセイ作成」を行うことで，どのような力がついたと感じますか

　この分析結果は，学生は，質問1で「難しかった」と回答したエッセイ作成上の事柄と共通する事柄について，「力がついた」と感じていたと解釈可能であろう。つまり，彼らは，限られた時間で論理的なエッセイを書く力がついたと感じていたといえる。加えて，アカデミックなトピックに関して，自らの考えを持つ力，そしてそれを文章にできる力がついたと感じていたことも読み取れる。具体的な回答コメントを以下に示す。

抜粋5
最初に比べれば，論理的な構成を心掛けることや，バラエティ豊富な語を使うことができたと思います。時間内に，より丁寧に，より多く書く力もついたと思います。

抜粋6
社会問題についてさまざまな観点から考える力が付いた。テーマを決めた後に実際にネット上でそのテーマについて調べることがあった。その

問題について世間はこのように思っているが私の意見はこうだ，というようにまた人と違った意見を考えることができたと思う。

抜粋7
この授業を取る前は，300語のエッセイを書くのに2時間ほどかかっていたが，今では時間内に書けるまでになった。この一年を通して，英語でエッセイを書く力とともに，自分の考えも持てるようになった。

4.4 「エッセイのレビュー」によりついた力

最後の質問である「「エッセイのレビュー」を行うことで，どのような力がついたと感じますか」の分析結果は図5に示された通りである。

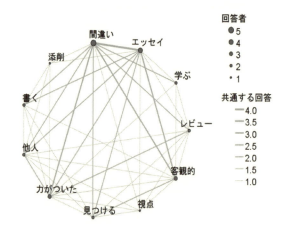

図5.「エッセイのレビュー」を行うことで，どのような力がついたと感じますか

この質問に関しては，図5中に示された「回答者」の人数が少ないことが分かる。これは回答人数自体が少ないことを意味するのではなく，共通する内容を回答した人数が他の項目よりも少なかったことを意味する。

つまり，この質問に対する学生の回答はもっとも多岐に渡っていた。その中でも共通性が高かった事柄は，他人の書いたエッセイをレビューすることで客観的に誤りに気づく力がついた，あるいは異なる視点のエッセイを見ることで学ぶことができた，ということである。これは，本授業のレビューでは原則として他の学生が書いたエッセイを取り上げて，クラス全体で検討するという方法を採ったことに関連すると考えられる。

抜粋8

他人のエッセイをレビューし間違いを見つけることで，自分のエッセイを読み返す際に客観的視点から間違いを見つける力がついたと思います。

抜粋9

エッセイレビューはとても参考になりました。自分と同じ学部で勉強している友達がどれくらいのレベルのエッセイを書いているのかも興味深かったし，何より自分の引き出しにはない単語やフレーズを再発見することができました。

抜粋10

他人の書いたエッセーを読み，添削し，自分が気づかなかった間違い，自分ならこうするという他者の意見を聞いて，こういう文章の作り方があるのだ，ということを知ることができました。知らなかった単語の使い方を知ることもできました。

おわりに

　本論では，「関西大学バイリンガルエッセイコーパス」（KUBEC）プロジェクトにおける「英語ライティング2」の授業の概要と，この授業に対する学生の認識を「振り返りアンケート」による自由記述データとして収集し，その結果をテキスト分析することで把握しようとした。その結

果，以下のようなことが分かった。

1. 時間制限（1時間）の中で300～500語というある程度まとまった分量の
   アカデミックな英語エッセイを作成することは，1年間の留学経験を経
   た学生にとっても困難と感じられた。しかし，学生はそのように困難に
   感じた事柄こそ，1年間の授業の中で「力がついた」と感じていた。

2. 他人のエッセイをクラス内でレビューするという方式は，自らのエッセ
   イの書き直しと比べ客観的な視点を得るという点で有効であり，学生は
   「作成した英文を客観的に見直し，必要に応じて適切に推敲できるよう
   になること」という到達目標に向けて一定の自己効力感を得ていた。

3. 英語エッセイの後に日本語エッセイを作成するという方針では，「英
   文和訳」にならないようにという指示があったとしても実際に学生は
   「訳」を行っており，そこに困難を感じていた。ただし，直訳になら
   ないように，日本語エッセイとして成立するような努力をしていた。

　このような分析結果から，「関西大学バイリンガルエッセイコーパス」
（KUBEC）プロジェクトの理念に基づいた「英語ライティング2」の授
業は，学生にとって概ね好意的に認識され，有用であったと捉えられて
いたことが分かった。このことは大学が実施している授業評価アンケー
トにおいて，「この授業を受けて知識が深まり，あるいは能力が高まった」
という項目への評価平均値が5点中4.2であったことからも裏付けられる。

　ただし，実施次年度以降の授業に関する示唆として，英語→日本語エ
ッセイの作成時の指示に関しては注意が必要であることが分かった。具
体的には，この作業は「英文和訳」ではないということを学生に意識的
に伝える必要があるとともに，レビューの授業回においてより明示的に
日英語の対応・対比に関する指導を行う余地があることが示されたとい
える。

80　第2部【実践・研究編】

注

1. 先行研究との比較を可能にするために，Topic 1〜11 は名古屋大学の杉浦正利氏らのグループによるNICE (Nagoya Interlanguage Corpus of English) プロジェクトで使用されたトピックを，Topic 12, 13 は神戸大学の石川慎一郎氏によるICNALE (The International Corpus Network of Asian Learners of English) プロジェクトで使用されたトピックをそれぞれ利用している。

参考文献

内田治・川嶋敦子・磯崎幸子 (2012).『SPSSによるテキストマイニング入門』オーム社.

山西博之 (2011).「教育・研究のための自由記述アンケートデータ分析入門：SPSS Text Analytics for Surveysを用いて」外国語教育メディア学会関西支部メソドロジー研究部会（編）『より良い外国語教育研究のための方法』, 110–124.

※本論は「JACET関西支部ライティング指導研究会紀要」第10号掲載の論文をもとにし，加筆修正を加えたうえで再掲したものである。

第5章

関西大学バイリンガルエッセイコーパス (KUBEC) の可能性を探る
——分析のための下準備のプロセスとデータの概略——

今尾　康裕

はじめに

　本論では，関西大学バイリンガルエッセイコーパス (KU BE-Corpus: KUBEC) を分析するために，Mac でのアプリケーションを利用したテキストデータの下処理の過程を記録するとともに，品詞タグ付けされた英日エッセイテキストデータを使用語彙の概観的な調査の結果を報告する。使用するアプリケーションは，テキストデータへのタグ付けおよび編集処理をするための CasualTagger とテキストコーパス分析のための CasualConc で，ともに執筆時点である 2018 年 2 月上旬の最新開発バージョンである。

1. データの概要

　関西大学バイリンガルエッセイコーパス (KUBEC) は，本書第 1 部にあるように，関西大学で 2012 年に始まったプロジェクトが元となっているコーパスで (山西・水本・染谷, 2013)，関西大学を中心に，筆者の勤務校を含む 6 つの大学で集められた英語エッセイとそれに対応し

82　第2部【実践・研究編】

て同じトピックで書かれた日本語エッセイを含む，学習者エッセイのバイリンガルコーパスである。KUBEC では複数のトピックで書かれたエッセイが収集されているが，本論では，すべての大学でエッセイサンプルが集められたトピックである ICNALE (The International Corpus Network of Asian Learners of English) (Ishikawa, 2011) の「アルバイト」についてのエッセイを扱う。また，比較のために，ICNALE の日本語母語話者によるエッセイと英語母語話者によるエッセイも分析の一部で用いる。

表1. コーパスデータの内訳

	エッセイ数
KUBEC 全体	657
University A	64
University B	101
University C	10
University D	397
University E	68
University F	17
ICNALE NNES*	400
ICNALE ENS*	200

注. ICNALE のエッセイには対応する日本語エッセイはない

　各大学の大まかな文系理系の構成は，University A は文系のみ，University B は，文系が 1/3 理系が 2/3 ほど，University C は，文系のみの少人数教育クラス，University D は，外国語学部を中心とした文系のみ，University E も文系のみ，University F は教養学部中心の少人数クラスである。全体として，収集したデータが一番多い University D の外

国語学部の学生が書いたエッセイが大部分を占めるコーパスとなっている。ただし，ここでの分析では，KUBEC データの大学間の厳密な比較は行わない。

KUBEC のエッセイは，各大学での事情に合わせて差異はあるが，英語，日本語の順でそれぞれ 40 分で書くことが基本となっている。日本語エッセイは，英語エッセイの翻訳ではなく同じ内容を日本語で書くように指示はされているが，実際にどのようなプロセスで日本語エッセイを書いているかはおそらく厳密には統制されていない。書かれたエッセイはデータベースに登録されたのちに，英語のものは TreeTagger で日本語のものは MeCab＋UniDic で品詞タグがつけられている。学習者に関する情報としては，自己申告による英語検定試験の情報が含まれているものもあるが，全参加者に共通する指標のようなものは現段階では存在しない。

2. 分析のためのテキスト処理

2.1 テキスト処理で利用するアプリケーション

テキスト処理の下処理，およびタグ付け，その後の分析に利用したアプリケーションは，ともに筆者が開発した Apple 社 Mac 専用の GUI アプリケーションで，タグ付け補助アプリケーションである CasualTagger (Imao, 2018b) とコンコーダンサーの CasualConc (Imao, 2018a) である。いずれも執筆時の 2018 年 2 月上旬時点では開発中のバージョンであるが，本書が出版されるまでにはダウンロード可能にする予定である。これらのアプリケーションでは難しい複雑なテキストの処理には，macOS 10.13 に標準でインストールされている Ruby 2.3.3 を利用した。

84　第2部【実践・研究編】

2.2 CasualTagger によるテキストの下処理

語彙の使用頻度に基づく分析を行う際は，キーボードでの入力に起因する英語のスペルミスや複合語などの表記のゆれが分析結果に大きく影響を与える可能性がある。スペルミスや複合語の表記のゆれなどはそれぞれが研究対象にもなりえるが，対象となる学生がエッセイを書く際に利用した MS Word® などがスペル修正補助の機能を備えていることや，複合語の表記は単語自体の知識というよりも書式のルールとも言えるため，本分析では考慮に入れないことにする。日本語に関しては，かな・漢字表記のゆれが分析に与える影響が考えられ，その修正をすることが望ましいが，処理の補助も含めて機械的処理することが難しいことや，著者が日本語の分析を専門としないため，本分析では英語と日本語の比較は参考程度にとどめ，その処理に関しては今後の課題とする。

ここでは，CasualTagger の機能の紹介も兼ねて，実際に行った処理について記述しておく。

2.2.1 CasualTagger の基本操作

テキストのタグ付け補助アプリケーションである CasualTagger には，外部アプリケーションを利用してバッチ処理で複数ファイルに自動タグ付けをする機能と KWIC (Keyword in Context) 検索などをしながらエディタでテキストの修正やタグ付けをしていく機能があり，ウインドウ下部のタブで切り替える。エディタでは，KWIC 機能と Word List 機能があり，ウインドウ上部のタブで切り替えて利用する。

KWIC 機能を使うエディタの基本画面（図1）では，左側にファイルリストのテーブルがあり，メニューの File -> **Open** でファイルを読み込むか，テーブルにファイルを直接ドラッグ＆ドロップする。読み込めるファイル形式はプレインテキストのみで，読み込む際のデフォルトの文

第5章　関西大学バイリンガルエッセイコーパス (KUBEC) の可能性を探る　85

字コードは Preference で指定する。このファイルリストテーブルのファイル名をクリックすると，そのファイルの内容が右下のテキストエリアに表示されるので，ここでテキストを編集し，右下の **Update File** ボタンをクリックして変更を保存する。ファイルを切り替えたり KWIC 検索をした場合にファイルの内容を自動で保存したい場合は，Preference の Editor -> Files にある **File Change Auto Save** にチェックを入れる。また，Misc の **Save File List** にチェックを入れておくと，ファイルリストテーブルに読み込んだファイルを記憶させておくことができる。

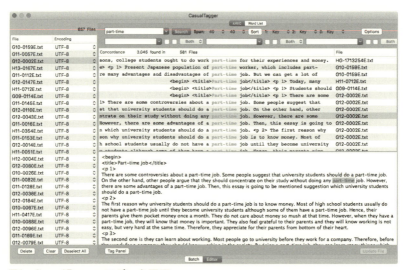

図1. CasualTagger エディタ画面

図2. KWIC の操作系

KWIC 検索をするには，上部のテキストボックスに検索文字列を入力

し，**Search** ボタンをクリックするかキーボードの **Enter** キーを押す。検索は，ワイルドカード文字を使った検索 (Wildcard)，入力した文字そのままの検索 (Character)，正規表現での検索 (Regular Expression) のオプションがあり，ウインドウ右上の **Options** をクリックして開くオプションパネルで指定する。簡単な検索は Wildcard でも十分だが，タグ付け作業のためには，ぜひとも正規表現検索ができるようになることをおすすめする。

　Span は，検索語の左右に文脈として表示される文字の数で，その右側では，並べ替えに使う文字列（単語）の位置を指定する。並べ替えの位置の単語の色指定は，Options の **Context Words** で行う。二段目のテキストボックスでは検索時に文脈語を指定すると，文脈に表示されている部分でその文字列に Options の **Context Keywords** で指定した色がつく。この機能は，特定の文字列が文脈にあることを確認する場合などに使うためのものである。文脈語指定のテキストボックス右のチェックボックスは，左側にチェックを入れると，その文字列が文脈に現れる結果だけが表示されるが，右側にチェックを入れると，指定した文字列が文脈に現れない結果だけが表示される。その右のオプションでは，左右両方の文脈，左側だけ，右側だけの指定ができる。いずれも，結果テーブル上に表示されている部分のテキストだけが対象になる。なお，これらの文字列の指定は，検索で指定したモード（Wildcard, Character, Regular Expression）が適用される。

　検索結果のテーブルでクリックをすると，その列の文字列を含むファイルの内容が下のテキストエリアに表示され，検索文字列がボールドで表示されて選択された状態になる。これらの設定をした上で，タグを付けたい文字列や修正したい文字列を検索し，テキストに手を加えていく。ただし，現在のバージョンでは，検索時の検索文字列位置を記憶しているため，テキストに修正を加えていくと検索文字列のハイライトの位置がずれるこ

とがある。それを避けるには指定文字列を再検索する必要がある。

　その他にも，あらかじめタグを登録してショートカットで挿入する機能や正規表現を使った文字列の置換機能もあるが，それらについては後述する。

2.2.2 スペルミスの処理

　スペルミスは，MS Word などのアプリケーションや OS の標準機能を利用したアプリケーションのテキストで下線などで指摘されるが，複数のファイルを扱うことや効率的に処理することは難しい。CasualTagger では，macOS の標準スペル辞書を利用して，複数のファイルを一括処理して辞書にない単語のリストを作成して一括変換したり，辞書にない単語を KWIC の形式で表示させて修正やタグ付けができる。

　ファイルリストテーブルにあるファイルのテキストからスペルミスを抽出して集計するには，メニューの Window から **Spelling Check Panel** を選ぶ。パネル下部のスペルチェックの言語を指定し，扱うファイルで **Multiple Files** を指定する。スペルチェックの言語は，デフォルトでは英米の辞書を利用 (English US/UK) するが，macOS で扱えるすべての英語のバリエーションを一括して利用することや，それぞれのバリエーションもしくはその他の言語でスペルチェックができる。また，**Single File** を選ぶとエディタで開いているファイルのみを対象にできる。これらを設定してから **Update** ボタンをクリックすると，指定されたファイルのテキストに対してスペルチェックが行われ，辞書にない単語が集計されてテーブルに表示される（図3）。

　ここで，テーブル上の単語を選んで **Go to** をクリックすると，選んだスペルミスの単語があるファイルのうち，ファイルリストの一番最初にあるものがエディタで開き，その単語がハイライトされる（図4）。また，左のチェックボックスにチェックを入れて Likely Correct Spelling で置

88　第2部【実践・研究編】

き換えたいスペルを選ぶかダブルクリックして正しいスペルを入力した後に **Replace** ボタンをクリックすると，ファイルリスト上のチェックが入っているスペルミスの単語がすべて置換される。

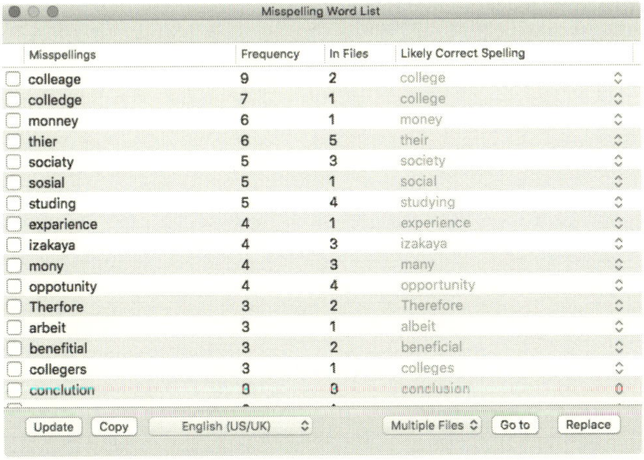

図3．スペルミスリストパネル

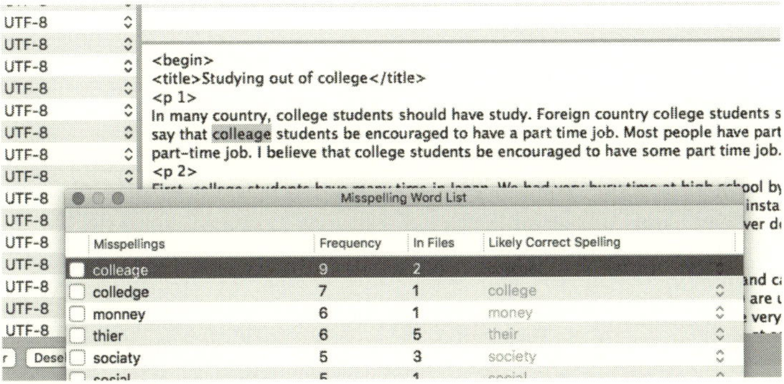

図4．スペルミス単語の表示

これ以外にも，KWIC でスペルミスを検索し，文脈を確認しながら修

正やタグをつけることもできる。ファイルリストテーブルにファイルを読み込んだ状態で，KWIC の検索テキストボックスに **MISSPELL** と入力し **Search** をクリックすると，Options で指定したスペルチェック言語の辞書に登録されていない単語がテーブルに KWIC で表示される。ここでも上記の KWIC 検索と同様に，テーブル上の行をクリックするとその文字列を含むテキストファイルがエディタに表示されて，スペルミスの単語がハイライトされる（図5）。

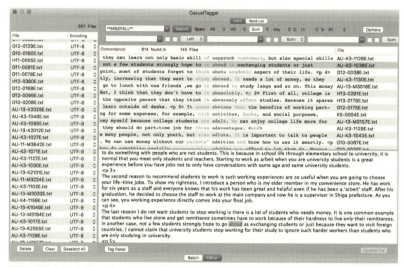

図5．KWIC によるスペルミスの抽出

今回の分析ではスペルミスは分析の対象としない上にスペルミスの修正後に品詞タグ付けをするため，正しいスペルに単純に置き換えたが，分析によっては単に置き換えるのではなくエラータグをつけて記録を残しておきたい場合も考えられる。CasualTagger では，タグを登録してショートカットでタグ付けする機能もついているので，それを使ってタグ付けをすることもできる。

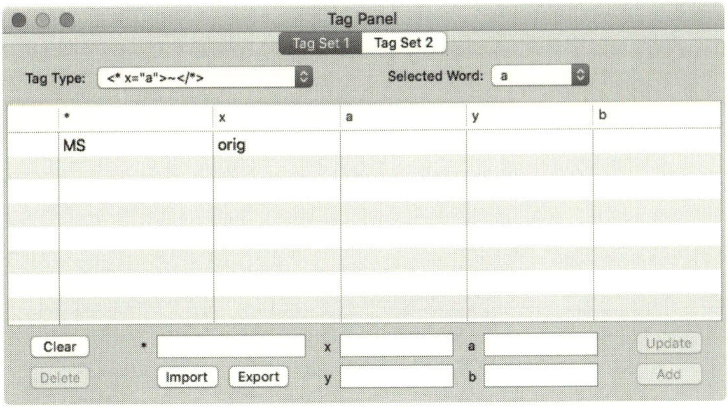

図6. タグパネル

　タグを登録するには，エディタ下部の **Tag Panel** ボタンをクリックしてタグパネルを表示する（図6）。タグパネルが表示されたら，上部の **Tag Type** でタグの種類を選ぶ。ここでは，タグの中にスペルミスのものを記録してスペルミスを修正したいので，<* x="a">~</*> を選ぶ。Selected Word に a を選ぶと，タグ挿入時に選択されている文字列がタグの要素の a の部分に入る。次に，パネル下部の * のテキストボックスにタグのヘッダを入力する。ここではスペルミスなので MS とした。タグの x の部分にあたる要素のラベルは orig とした。これで，右下の **Add** ボタンをクリックするとリストにタグが登録される。登録されたタグはメニューの Tag Set に追加されるとともにショートカットが割り振られ，いずれの方法でも入力できる。リストのタグを修正するには，テーブル上でタグを選んでテキストを修正した上で **Update** ボタンをクリックして上書きする。

　このような設定をし，KWIC でスペルミスを検索してエディタに表示させてタグを挿入していく（図7）。この例では，activites というスペルミスをテーブル上で選択してエディタに表示させて，その単語が選択さ

第5章　関西大学バイリンガルエッセイコーパス (KUBEC) の可能性を探る　91

れた状態でタグを挿入したため，要素のところに activites が挿入されて
いる。また，この単語を選んだ状態でコンテクストメニューを表示させ
ると，macOS の標準機能で正しいスペルの候補が表示されるので，それ
を利用して置き換えることも可能である。

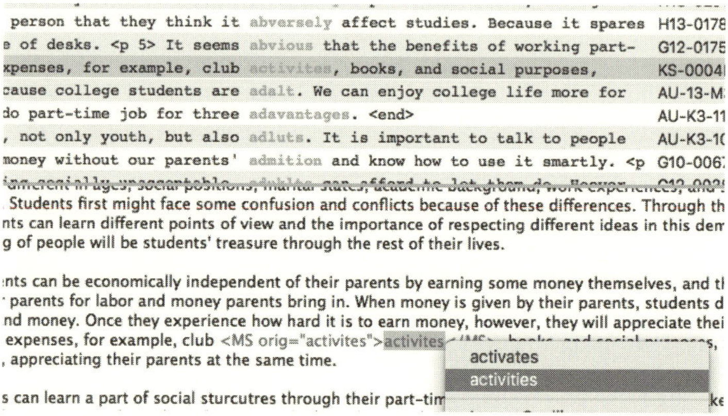

図7. エディタでのタグ挿入

　このように CasualTagger を利用してスペルミスを簡単に修正したり
エラーその他にタグ付けをしたりできる。

2.2.3 複合語の表記のゆれの扱い

　複合名詞を 1 つの単語として扱いたい場合には，CasualConc などのコン
コーダンサーで 2 つの単語を 1 つの単語として扱うように設定した上で，
レマ機能などで 2 つの別々の単語，ハイフンでつながっているもの，ハイ
フンなしで 1 つの単語となっているものをまとめて集計することは可能
であるが，複雑な集計などをする場合にはミスの元になることが多い。今
回の分析では，これらの表記の違いは言語知識の違いとして扱わず，表記
のバリエーションとして扱うため，分析前に表記の統一を行なった。

2-gram | Start | ☑ Check Variations | Include: ☑ - ☐ | ☐ Recognieze Tags
475545 tokens 102105 types | ☐ Ignore Tags

	Word/n-gram	Freq	In File	Info
1	part-time job	4,080	1,056	part-timejob (1), part-time-job (31)
2	it is	3,060	1,392	
3	part time	3,000	534	parttime (3), part-time (5350)
4	college students	2,547	791	
5	time job	2,500	506	time-job (2)
6	have a	2,430	1,011	
7	i think	2,364	1,093	ithink (1)
8	a part-time	2,223	631	apart-time (3)
9	in the	1,912	999	
10	a part	1,621	427	apart (26)

図8. bi-gram リストでの複合語の表記ゆれ抽出

　CasualTagger では，Word Count 機能で 2 つの単語の連語 (bi-gram) のリスト作成し，bi-gram がハイフンでつながっているものとつながって 1 つの単語になっているものを集計できる。手順としては，ファイルリストにファイルが登録されている状態で，ウインドウ上部のタブで Word List を選び Word List 機能を利用する。Word List では，単語リスト (Word) や 2- から 5-gram までの n-gram リストが作成でき，ファイル上のテキストの傾向などをつかむことができる。ここでリスト作成のオプションで 2-gram を選ぶと **Check Variations** オプションが表示されるので，それにチェックを入れて，さらに，**Include** の - にチェックを入れてハイフンでつながった複合語を 1 つの単語として集計する。この設定で 2-gram リストを作成すると，2-gram の頻度集計とともに，それぞれの 2-gram がハイフンでつながったものと 2 単語がつながったものが集計されて一番右の Info 列に表示される（図8）。タグのついたテキストの場合は，**Recognize Tags** にチェックを入れてタグを認識させた上で集計すれば同様の処理ができる（図9）。

第5章　関西大学バイリンガルエッセイコーパス (KUBEC) の可能性を探る　93

	Word/n-gram	Tag	Freq	In File	Info
1	part-time job	jj nn	5,613	1,101	part-timejob (1), part-time-job (24)
2	a part-time	dt jj	3,590	895	apart-time (3)
3	college students	nn nns	2,332	779	
4	it is	prp vbz	2,238	970	
5	i think	prp vbp	1,607	731	ithink (1)
6	have a	vb dt	1,484	737	
7	they can	prp md	1,335	532	

2-gram ◇　Start　☑ Check Variations　Include: ☑ - ☐ '　☑ Recognieze Tags　~ ' ◇　🔍 Word Contain
328178 tokens 76893 types　☑ Ignore Tags　<*> ◇

図9．タグ付きテキストの表記ゆれ抽出

1,392
534 parttime (3), part-time (5250)
791
506 time-job (2)
1,011
1,093 ithink (1)

Search Word(s) in KWIC
Search Info in KWIC ▶ parttime
part-time

図10．bi-gram リストからの KWIC 検索

Regex Search

\b(part) (time)\b

\1-\2

Replace　Replace/Find　Replace in Selected　Replace All　Search
Batch　Escape　☐ PT　☑ Multi Files　☐ Case Sensitive　☐ Multi Lines

図11．正規表現検索・置換パネル

　今回の分析では，part time はトピックでもある part time job（アルバイト）の一部で，part time は 1 つの単語として扱いたいので，part-time に統一したい。出現頻度を見ると part time は全ファイルで 3,000 回，parttime は 3 回出現する。parttime は頻度が少ないため，コンテキストメニューから KWIC 検索をして手作業で修正すること（図10）に問題はない。しかし，part time の頻度は非常に多いため，part-time に 1 つずつ置き換えるのは現実的ではない。そこで，正規表現を使った複数ファイル一括置換機能を利用する。正規表現パネルは，メニューの Edit から **Find with Regular Expression** を選ぶかショートカットで **Command + Shift + F** を押し，正規

表現検索・置換 (Regex Search) パネルを表示させる（図11）。

CasualTagger の正規表現は，CasualConc と同じく macOS 標準の正規表現エンジンである ICU を利用している。基本的な記法などについては他の正規表現エンジンと共通ではあるが，細かな差異などに関しては Web 等で確認してもらいたい。正規表現による置換も，エディタで開いているファイルのみと，ファイルリストテーブルのすべてのファイルを対象にした処理が可能である。ファイルリストテーブルのファイルで置換を行う場合は，**Multi Files** にチェックを入れる。大文字小文字の区別をする場合は，**Case Sensitive** にチェックを入れるが，ここでは大文字・小文字のいずれで始まる場合，つまり，文頭である場合もない場合も置換したいのでチェックは入れない。検索文字列は \b(part) (time)\b としたが，\b は単語境界を意味し，( ) に入れた部分は，後方参照で順に\1，\2 で指定した位置にそのまま置き換えられる。置換文字列は \1-\2 にしてあるので, part time である場合には part-time に Part time である場合には Part-time で置換される。

これらの機能を組み合わせて使い，スペルミスの修正や表記のゆれの統一をすませた上で，タグ付け処理に入る。

2.2.4 自動品詞タグ付け処理

上記のように，KUBEC のデータには，あらかじめ TreeTagger と MeCab + UniDic による品詞タグがついているが, タグの精度などを確認した結果，今回の分析では CasualTagger でタグを付け直すことにした。

CasualTagger には，標準で同志社大学の長谷部陽一郎先生が Perl の Lingua::EN::Tagger を Ruby にポートした engtagger (https://github.com/yohasebe/engtagger) を利用して英語テキストに品詞タグ付けをする機能や macOS の標準機能を利用して日本語などの単語間にスペースのない言語を分かち書きする機能があるが，それ以外にも，別途インストール

することで，TreeTagger や Stanford CoreNLP，日本語では MeCab を利用して品詞タグ付けができる。このうち，TreeTagger は CasualTagger 内にインストーラーがあるので，ファイルをダウンロードしてインストールするところまで GUI でできる。Stanford CoreNLP は，プロジェクトのウェブサイト（https://stanfordnlp.github.io/CoreNLP/index.html#download）から本体とモデルの Jar ファイルをダウンロードして，本体の zip ファイルを展開してできたフォルダにモデル Jar ファイルを移動させて準備する必要がある。それに加えて，Oracle のサイト（https://www.java.com/ja/download/）から Java 1.8 をダウンロードしてインストールする必要がある。MeCab に関しては，MaCab のサイトからソースコードファイルをダウンロードした上でビルドしてインストールする必要があるが，CasualConc のサイトに Mac 用のインストーラーを用意してある（https://sites.google.com/site/casualconcj/yutiriti-puroguramu/mecab-ruby-wo-insutoru-suru）。Yosemite 用となっているもので，執筆時の最新版 macOS である High Sierra (10.13) にもインストールできる。ただし，辞書は IPA 辞書となっている。

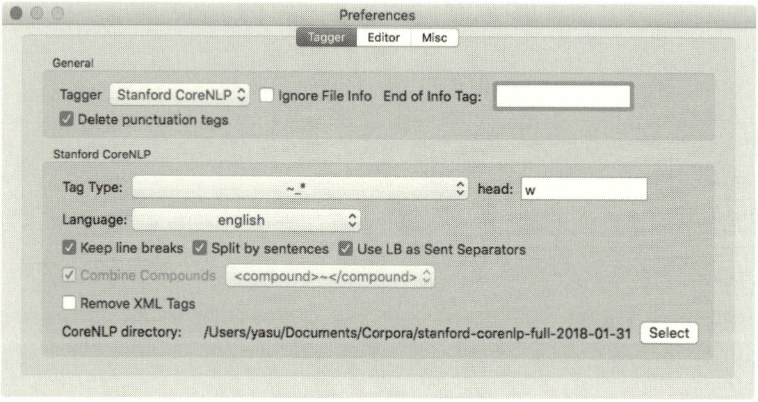

図12. Stanford CoreNLP の品詞タグ付け設定

96　第2部【実践・研究編】

複数ファイルのテキストを一括してタグ付けするには，ウインドウ下部のタブで **Batch** を選び，タグ付け処理をしたいファイルをテーブルにドラッグ＆ドロップする。次に，Preferences の Tagger を開き，Tagger でタグ付けするアプリケーションを選ぶ（図12）。

　ここでは，Stanford CoreNLP でタグ付けをしたいので，Tagger で Stanford CoreNLP を選び，一番下で Stanford CoreNLP のフォルダを指定する。コンマ，ピリオドやその他の記号のタグは必要ないので，**Delete punctuation tags** にチェックを入れる。タグタイプは ~_* を選んだ。これで，part-time_JJ のように，品詞タグが _ の後ろに付く形になる。**Keep line breaks** にチェックを入れると，元のテキストの段落分けが維持されるが，そうでなければ改行がすべて削除される。ここでは，元のファイルの段落分けを維持するためにチェックを入れて処理した。**Split by sentences** にチェックを入れると文ごとに改行が入るが，これもチェックを入れて処理した。**Use LB as Sent Separators** にチェックを入れると，ピリオドだけでなく改行記号も文の終わりとみなして処理する。これで，タイトルやヘディング行などのピリオドなしでの改行があるところも文の句切れとして処理できる。ここでのファイルには，段落の区切りを示すタグが入っているので，それが本文の一部として処理されないようにこのオプションにもチェックを入れている。**Remove XML Tags** にチェックを入れると <*> タイプのタグが削除されて処理されるが，タグを残したいのでチェック入れていない。ただし，タグも品詞タグ処理がされるため，後処理が必要になった。また，今回は利用していないが，**Tag Type** で ~_* (combined) を選ぶと，処理に時間はかかるが，Stanford CoreNLP で複合語と認識された単語の連鎖を _ でつなぐ，もしくは，<compound>~</compound> のタグでマーキングできる。

　MeCab のオプションは少ないが，MeCab 自体の品詞分類情報が多いため，単純な ~_* だけでなく詳細も含めるオプションがある。ここで

は，名詞と代名詞を区別して集計したいため，~_*_*' をオプションに選び，2 番目の品詞タグを含めるオプションで名詞のみにチェックを入れて，それ以外の品詞は，基本情報のみでタグ付けした。

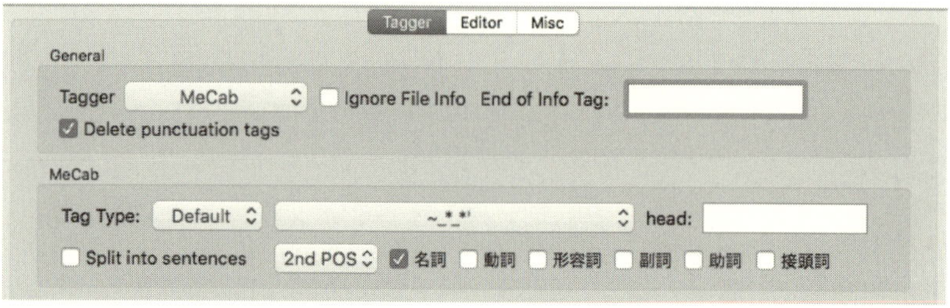

図13. MeCab タグ付けオプション

　これらの設定をしたのち，バッチファイルリストテーブルの右下の **Process** をクリックしてバッチタグ付け処理を実行すると，元のファイル名に _tagged が追加されてタグ付け処理されたテキストがプレインテキストファイルとして保存される。**Save to Original Folder** にチェックを入れると元のファイルと同じフォルダに処理済みのファイルが保存される。

　今回のタグ付けは CasualTagger で行ったが，Stanford CoreNLP と MeCab を利用した複数ファイルへのタグ付けは，CasualConc でも可能である。ただし，現状では設定は簡易的なものに限られているため，CasualTagger の方が自由度が高くなっている。

2.2.5 タグ付け後のタグの修正

　英日それぞれのエッセイテキストにタグ付け処理をしたのちに，今回の分析に際してタグ付けと連語の扱いについての処理を行った。タグについては，今回の分析は探索的な概略にとどめることとすべての品詞に

ついて分析を行うわけではないため，修正対象は一部の品詞のみにし，微妙な判断を迫られるものに関しては機械的に割り当てを行なった。この辺りは今後の詳細な分析においては注意が必要であろう。

　タグに関する修正では，最初に，エッセイのタイトルにつけられている <title>~</title> タグについた品詞タグを正規表現一括置換で消去した。エッセイと段落の初めを示す <begin> や <p #> タグなどのタグのみで改行されているものはタグを認識してタグ付け処理しないようにしてあるが，改行なしで文に付与してあるものは文の一部として処理されるためである。

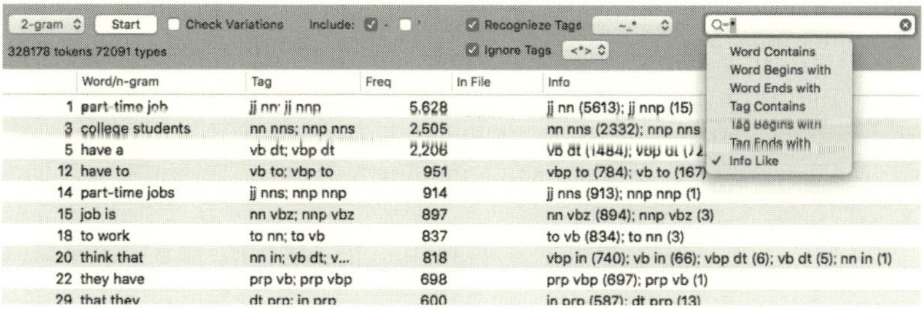

図14．2-gram のタグバリエーション集計

　次に，タグ付けの一貫性について確認するために，CasualTagger の Word List でタグ付きテキストの 2-gram でタグの組み合わせのバリエーションを確認した。この機能を使うと，Word List で作成可能な単語リストから 5-gram までの組み合わせで，タグを認識した上で異なるタグの組み合わせ頻度を集計できる。実際の処理としては，Word List で **Recognize Tags** にチェックを入れて頻度集計したのち，メニューの Tools にある **Aggregate Word List Items** で再集計を行う（図14）。集計後，右上の検索テキストボックスで **Info Like** を選んで * を入力すると，Info 列にテキストがある結果のみが表示される。

第5章　関西大学バイリンガルエッセイコーパス (KUBEC) の可能性を探る　99

ここでは，品詞ごとの細かな区分に関しては分析の対象としないため，名詞が普通名詞 (NN) か固有名詞 (NNP) かで間違ったタグ付けがされているようなものは修正の対象とせず，同じ組み合わせで動詞と名詞で異なる (to work の work が動詞と名詞でタグ付けされている場合など) ようなもののみを修正対象とした。日本語エッセイのタグも基本的には同様の手順を踏んでタグの修正を行った。

　これ以外に，今回の分析では代名詞の使用頻度を利用するため，KWIC検索で文脈を確認しながら，冠詞や接続詞としての用法などと区別しタグを修正した。また，MeCab の代名詞タグに対応させるため，英語においては，Stanford CoreNLP でタグ付けされる人称代名詞以外にも，Biber et al. (1999) などを参考に名詞としてタグがついている代名詞のタグを修正をした。日本語のエッセイについては，MeCab で名詞に詳細な品詞情報までタグ付けをした上で，代名詞とその他の名詞の区別のみが必要なため，正規表現を使った複数ファイル一括置換機能を利用して，「名詞_代名詞」のタグは「代名詞」，その他の名詞のタグは「名詞」に置換した上で上記のタグの修正を行った。

2.2.6 その他の文字列処理

　書き言葉において特徴を示す要素での英日エッセイの比較や，ICNALE のエッセイとの比較のために，上記の「代名詞」以外にも接続表現について特別なタグの処理を行った。メタ談話標識の一種である接続表現は，Hyland (2005) の Interactive Category の内の Transitions (however, therefore などの話の転換で用いられるもの) や Frame markers (first, second, finally などの順序を示すもの) を中心として， Bolton, Nelson, & Hung (2002) や Liu (2008)，Biber et al. (1999) などの linking adverbials を参考にリストを作り，CasualTagger の KWIC 検索と正規表現を使った複数ファイル一括置換機能を使ってタグをつけた。ここでの

リストは厳密に精査したものというよりは，探索的にデータを見るという性質上，複数のリストに現れるものを中心に多くを取り入れたものとなっている。タグ付けの際は，複合表現（for example など）は 1 つの単語として ＿ でつなげる処理をした。基本的には，従属接続詞などは含めないが，日本人学習者に多い日本語の「なぜならば」に対応する because の誤用などの一部は接続副詞としてタグ付けした。

　日本語エッセイに関しては，MeCab の接続詞のタグがついたものだけではなく，英語の接続表現に対応する表現を抽出して，複合語であるものは 1 つの単語としてまとめた上で「接続詞」のタグを付与した。

　このような手順で下処理をしたテキストファイルを用いて，単語や表現の頻度集計をした上で，英日のエッセイの比較および KUBEC と ICNALE の比較などを行った。

3. 分析手順

　ここでの分析では，英日バイリンガルエッセイコーパスの可能性を探るために探索的に語彙指標の頻度集計をした上で，英日および KUBEC と ICNALE の比較などを行った。

　英日エッセイの比較に使用した語彙指標は，内容語である名詞，動詞，形容詞，副詞の頻度に加えて，代名詞，文頭での接続表現の使用頻度，および，文頭で使われている語彙要素の頻度である。接続表現は，接続副詞やそれに準ずる複合語を中心としたが，日本語エッセイに付けた MeCab の接続詞のタグに文レベルの接続と句レベルの接続に区別がないため（名詞・形容詞接続と動詞接続の区別はある），英語でそれに対応する and や but などの等位接続詞も含めたが，接続表現としては扱えないものと機械的に区分ができないため，頻度集計には文頭での接続表現のみを扱うことにした。

これらの品詞については，当然，日本語と英語では単語の切り分けや品詞の扱いが異なるため単純に頻度を比較して論じることは難しいが，全体としてどのような傾向を示すかを確認することで，日本語と英語の違いがどのように表れるか，あるいは表れないかを把握することを目的とした。

上述の通り，頻度集計は基本的に CasualConc で行い，処理しきれない部分は Ruby でスクリプトを書いて処理した。その後の統計処理に関しては，CasualConc で扱えるものはそのままで，それ以外は MacR (Imao, 2017) および R を利用した。

4. 分析結果と考察

まずは，分析に使用したエッセイコーパスの全体像を英語・日本語それぞれに示す（表2，表3）。ここでの頻度は CasualConc のファイル情報で，ファイルごとの総語数を集計したのちに MacR で記述統計の処理を行った。

データ収集の条件が厳しく統制されていないため単純に比較はできないが，英語エッセイの長さを見ると，KUBEC の英語エッセイは，どの大学のデータも平均では ICNALE のものよりも長い傾向があるが，標準偏差が 60 から 100 程度とかなり大きいことから，語数にかなりのばらつきがあることがわかる。これは，英語能力もしくは課題への取り組みの真剣さなどがそのまま表れているのではないかと考えられる。それを考えると，ICNALE はデータとしての統制がよく取れているとも言える。日本語のエッセイでも英語のエッセイと同様の傾向が見て取れる。KUBEC の英語と日本語のエッセイの総語数の相関係数は $r = .81$ ($p < .01$) で，英語のエッセイを書いた後に同じ内容を日本語で書いていることと，英日の比較ができないために書いている文量に大きな差があるサンプルを削除したことを考慮すると，当然の結果とも言える。

102　第2部【実践・研究編】

表2. 英語エッセイの基本情報

	エッセイ数	総語数	平均語数	標準偏差	最小	最大
KUBEC E 全体	657	195285	297.2	84.7	24	762
University A	64	20222	316.0	70.8	147	498
University B	101	23711	234.8	62.0	99	378
University C	10	3351	335.1	108.2	156	562
University D	397	127377	320.8	76.1	24	707
University E	68	17498	257.3	86.2	140	762
University F	17	3126	183.9	89.0	46	369
ICNALE NNES	400	87499	218.8	24.0	174	302
A2	154	33620	218.3	25.0	176	302
B1-1	179	38889	217.3	22.6	174	300
B1 2	49	10878	222.0	22.2	182	274
B2	18	4112	228.4	32.4	187	296
ICNALE ENS	200	44176	220.9	22.1	185	297

*英語エッセイの相互数および平均語数には所有を示すアポストロフィを含む

表3. 日本語エッセイの基本情報

	エッセイ数	総語数	平均語数	標準偏差	最小	最大
KUBEC J 全体	657	253492	385.8	103.2	64	1084
University A	64	26905	420.4	97.6	185	636
University B	101	31877	315.6	88.9	98	531
University C	10	4213	421.3	81.9	264	501
University D	397	158998	400.5	91.1	98	664
University E	68	26612	391.4	134.5	192	1084
University F	17	4887	287.5	111.3	64	466

4.1 内容語の頻度比較

次に，KUBEC の英日エッセイにおける各種品詞・表現の頻度を集計した（表4）。英語のエッセイのみであれば統一した語数ごとの頻度の比較でいいところだが，英日の比較の場合には明確な基準がないため，ほぼ同じ内容が書かれているという前提があるので，対応している KUBEC の 1 エッセイの平均語数を元にして，KUBEC の英語エッセイと ICNALE のエッセイは 300 語あたり，KUBEC の日本語エッセイは 400 語あたりの相対頻度に設定した。それぞれの品詞ごとの頻度は，CasualConc のファイル情報のキーワードグループ機能を利用して，正規表現でタグを指定し相対頻度で集計している。

表4. 内容語の品詞ごとの頻度*

	KUBEC E	KUBEC J	ICNALE NNES	ICNALE ENS
名詞	67.1	125.7	63.3	59.3
動詞	61.3	64.1	60.0	59.0
形容詞	26.3	5.6	25.5	27.4
副詞	13.3	6.6	14.5	19.3

*英語エッセイは 300 語ごと，日本語エッセイは 400 語ごとの相対頻度

この結果を見て明らかなように，英語エッセイと日本語エッセイでは，動詞の頻度はほぼ同じであるが，日本語エッセイでの名詞の頻度が顕著に高く形容詞の頻度が顕著に低くなっている。一番の要因としては，今回 MeCab の辞書として使用した IPA 辞書では英語で形容詞で表される表現が「名詞+助動詞（な）」となったり，1 語の動詞として表現されるものが，「名詞+動詞（する）」と表現されることであろう。この「名詞+助動詞」はいわゆる国語文法の形容動詞であり，形容名詞やナ形容

詞などとも言われるものである。例えば，英語の important（形容詞）は
「重要（名詞）な（助動詞）」や「重要（名詞）で（助動詞）（ある）」と
なる。そのほかにも，「（考える）の・こと（が）」などで使われる「の」
や「こと」が名詞との分類になっている。

　表5には実際の KUBEC の英日エッセイの名詞の頻度上位 20 までを
示している。ここでは，CasualConc の Word Count のアドバンストモー
ドで，タグを含む正規表現で検索文字列を指定して頻度集計を行なった。
英語の頻度集計の単位は単語ではなくレマ（見出し語）である。

　この表の単語を見ると，内容語としての名詞は英日で対応しているも
のがおおよそ同じ相対頻度で現れていることがわかる。つまり，平均単
語数ごとの相対頻度というのは指標としてはある程度は妥当性があるの
ではないだろうか。しかし，日本語のエッセイで最も高頻度の名詞が文
法的な要素が大きい「こと」であり，そのほかにも，「の」「ため」「よう」
などがあり，英語では動詞で表されることが多いと考えられる「勉強」
や形容詞や動詞で使われることが多いであろう「必要」などもあり，名
詞の頻度が大きくなっている理由が推測できる。また，英語のリストを
見ると study があるが，品詞タグ付けの間違いもある可能性は否定でき
ないとはいえ，名詞としての study が頻度上位にあるのは，日本語の名
詞の「勉強」をそのまま訳して使っているためではないかと推測できる。

　これらのことから，英日のエッセイを語彙的に対比するためには，あ
る程度文法事項のすり合わせなどを行った上で，それに合わせて品詞タ
グを修正する必要があるだろう。また，日本語タグ付けでは、今回使用
した IPA 辞書だけでなく，UniDic などの辞書の結果とも擦り合わせて
考慮する必要があるかもしれない。

表5. KUBEC 英日エッセイの名詞相対頻度上位 20 単語*

	英語		日本語	
1	job	8.5	こと	12.3
2	student	8.3	アルバイト	9.4
3	college	3.7	学生	3.9
4	money	3.6	大学生	3.4
5	people	2.2	お金	3.1
6	university	1.8	勉強	2.4
7	time	1.8	人	2.4
8	thing	1.4	の	2.3
9	experience	1.2	社会	2.2
10	reason	1.1	ため	2.0
11	society	1.1	経験	1.8
12	parent	0.9	大学	1.7
13	life	0.8	時間	1.7
14	school	0.8	よう	1.6
15	study	0.8	自分	1.5
16	work	0.8	多く	1.3
17	skill	0.7	理由	1.2
18	future	0.6	仕事	1.2
19	friend	0.6	必要	1.0
20	class	0.4	もの	1.0

*英語エッセイは 300 語ごと，日本語エッセイは 400 語ごとの相対頻度

　KUBEC の英語エッセイと ICNALE の比較では，日本語母語話者の英語エッセイとは若干名詞の頻度が多いとはいえ，内容語の頻度に大きな差は見られない。英語母語話者のエッセイとの比較でも，若干名詞が多

く副詞が少ないが，ICNALE のいずれのグループとも内容語の頻度に統
計的に意味のある差は見られなかった（クラメールの V = 0.09, 0.05）。

4.2 代名詞の頻度比較

　内容語に続いて，英日で使用形態に差があると予想される代名詞の頻
度を比較したものが表6 である。KUBEC の英語エッセイと ICNALE の
間には，KUBEC と ICNALE の日本人学習者のエッセイで多少の差が見
られる程度だが，KUBEC の英語エッセイと日本語エッセイでは大きな
差が見られる。

表6．代名詞の相対頻度比較＊

	エッセイ数	平均 相対頻度	標準偏差	最小 素頻度	最大 素頻度
KUBEC 英語	657	30.9	9.0	0	122
KUBEC 日本語	657	8.9	5.6	0	53
ICNALE NNES	400	39.4	8.3	9	51
ICNALE NES	200	31.7	10.5	6	49

＊英語エッセイは 300 語ごと，日本語エッセイは 400 語ごとの相対頻度

　主語の捉え方の違いという英日の大きな違いがあることは明らかであ
るが，それ以外の要因があるか，もしくは，その違いがどのように表れ
ているかを確認するために，頻度上位 10 までの代名詞を比較する。た
だし，英語の代名詞はすべてではないが格によって形が異なるが，日本
語は助詞で格を表すので，助詞との組み合わせで頻度集計した（表7）。
また，日本語の代名詞は，漢字・かなの表記のゆれや同じ人称での異な
る表記（「私」と「僕」など）は同じ代名詞として集計した。

第5章　関西大学バイリンガルエッセイコーパス (KUBEC) の可能性を探る　107

表7. KUBEC 英語と日本語の代名詞頻度比較*

	英語		日本語	
1	they	7.2	私　は	1.58
2	their	3.9	彼ら　は	0.99
3	I	3.7	私達　は	0.49
4	it	3.5	それ　は	0.39
5	you	2.7	彼ら　の	0.35
6	we	2.3	彼ら　が	0.29
7	them	1.5	これ　は	0.28
8	your	0.7	私　の	0.27
9	my	0.6	これら　の	0.20
10	our	0.4	それ　を	0.17

*英語エッセイは 300 語ごと，日本語エッセイは 400 語ごとの相対頻度

　代名詞の合計頻度からも予測できる通り，全体的に日本語エッセイでの代名詞の使用頻度が低いことがわかる。英語エッセイでは主格及び所有格の三人称複数代名詞である they や their の使用頻度が多く，一人称代名詞の I，三人称単数代名詞の it がそれに続く。FROWN コーパスなどの一般コーパスでは，they や their が他の代名詞よりも高頻度であることはあまりないため，これがエッセイというタスクの影響か，もしくはこのタスクの「アルバイト」というトピックの影響かを確認する必要がある。日本語エッセイにおいては，頻度は低いものの，一人称単数代名詞である「私」が最も高頻度の代名詞となっている。だだし，こちらでも，その次に「彼ら」が来ているので，タスクもしくはトピックの影響は考えられる。

　次に，英語エッセイでの代名詞の使用頻度が KUBEC のエッセイだけに見られる現象かどうかを確認するために，ICNALE の日本語母語話者

および英語母語話者が書いたエッセイと比較した。その際に，英語能力の影響も考えられるため，参考のため ICNALE のエッセイに付与されている CEFR のレベルごとに分けて頻度集計した（表8）。

表8. ICNALE のレベル別代名詞の頻度集計*

A2		B1-1		B1-2		B2		NES	
TOTAL	39.8	TOTAL	39.4	TOTAL	38.6	TOTAL	38.3	TOTAL	31.5
I	9.9	I	9.9	I	10.6	they	7.4	I	6.6
we	6.5	we	6.3	they	5.6	I	6.3	they	4.5
they	5.5	they	5.0	it	4.6	we	4.8	it	4.3
it	4.9	it	4.3	we	3.8	their	4.4	their	3.5
you	1.8	their	2.1	their	3.1	it	4.2	my	1.7
their	1.7	you	1.8	my	1.6	them	1.5	you	1.5
our	1.6	's	1.7	them	1.4	you	1.3	them	1.4
's	1.3	our	1.6	you	1.2	our	1.2	this	1.1
them	1.2	my	1.3	our	1.1	's	1.2	we	0.8
my	1.2	them	1.3	's	1.0	my	1.0	our	0.8

*300 語ごとの相対頻度

　これからわかることは，どのレベルでも they が相対的に高頻度で使われているということである。ただ，日本語母語話者の一番上のレベル以外では，I が最も高頻度の使われる代名詞であった。さらに，レベルによって代名詞全体の使用頻度は変わらず，レベルが下のグループでは I の使用頻度が少し高いことが確認できる。また，わずかながら，英語母語話者の代名詞使用頻度が低くなっている。ただしこれは文中の使用語彙の比率なども影響するため，さらに詳細な分析が必要である。いずれにせよ，代名詞の使用頻度に関しては，KUBEC のサンプルが特殊と

いうことではなく，英語運用能力のある程度高い英語学習者に見られる特徴である可能性やタスクもしくはトピックの影響である可能性が残った。KUBEC には異なるトピックのエッセイも含まれるため，それらで確認することが必要である。また，頻度に基づくアプローチだけではなく，どのような内容や構成で書かれているにも注目した質的なアプローチでの分析も必要であろう。

4.3 接続表現の頻度比較

　英語の特に書き言葉ではメタ言語標識である接続表現についての研究が多くあるが，KUBEC では日本語母語話者中心の日本語書き言葉のデータがあり，しかも英語の書き言葉との対応があるため，学習者の英語のみのデータとは違う視点からの語彙使用の検証ができる可能性がある。まずは，接続表現に注目してデータを概観してみたい。上記の通り，ここでの接続表現は，接続副詞を中心に等位接続詞などを含めたメタ言語標識を集めたものであり，日本語の接続表現は，MeCab の接続詞のタグがついた語彙を中心に，英語の接続表現に対応する表現にタグ付したものである。特に文中のものには厳密にはメタ言語標識と言えない用例も含まれているため，文頭で使われているものだけを集計するが，ここではデータの概観が目的なのでそのまま分析を進める。また，特に日本語エッセイに関してだが，厳密にあらゆる接続表現を精査したわけではないため，比較も参考程度のものであると捉えていただきたい。

　KUBEC の英日エッセイと ICNALE のエッセイでの接続表現の相対頻度を表9 に示す。ここまでと同じように，英語のエッセイは 300 語ごとの相対頻度，日本語のエッセイは 400 語ごとの相対頻度である。

　KUBEC の英語エッセイと日本語エッセイはほぼ同じような頻度で接続表現が使われており，INCALE の日本語母語話者のエッセイと比べると，ICNALE のエッセイの方がやや使用頻度が多いが概ね似たような傾

110　第2部【実践・研究編】

向を示している。ただし、英語母語話者のエッセイと比べると使用頻度が高くなっている。これは、Bolton et al. (2002) や Hinkel (2002) などのこれまでの研究でも繰り返し指摘されてきていることであるが、ここでもその傾向が見て取れる。加えて、標準偏差も英語母語話者に比べて大きくなっており、英語能力によるものなのかは確認できないが、学生によって使用頻度に大きな差が見られることも明らかになった。

表9. 文頭接続表現の相対頻度比較*

	エッセイ数	平均相対頻度	標準偏差	最小素頻度	最大素頻度
KUBEC 英語	657	6.9	3.1	0	22
KUBEC 日本語	657	7.2	3.0	0	20
ICNALE NNES	400	8.7	3.7	0	14
ICNALE NES	200	2.1	1.8	0	7

*英語エッセイは 300 語ごと、日本語エッセイは 400 語ごとの相対頻度

　次に、KUBEC の英語エッセイと日本語エッセイで、使用頻度上位の接続表現を確認する（表10）。日本語の表現は、漢字表記および数字全角・半角の表記違いのみを同じ表現として集計した。これまでの内容語などの頻度とは違い、エッセイで 1 度使うかどうかというような表現が多いため、すべて相対頻度が 1 未満であった。ただ、英日それぞれの頻度最上位の however と「しかし」は、共に 50 ％以上のエッセイで使われていた。文頭での出現に限っていることを考えると、実際にはもっと多く使われている可能性も考えられる。大学ごとの使用頻度も確認したところ、最も大きな割合を占める University D でのみ頻度が最上位であり、そのほかも上位ではあるが最上位ではなかったので、この大学の影響が全体に出ている可能性も否定できない。

第5章　関西大学バイリンガルエッセイコーパス (KUBEC) の可能性を探る　111

表10. KUBEC 英日エッセイでの接続表現相対頻度上位 15 表現*

	英語		日本語	
1	however	0.85	しかし	0.99
2	so	0.44	また	0.57
3	therefore	0.42	たとえば	0.45
4	for example	0.39	そして	0.40
5	but	0.33	だから	0.30
6	in conclusion	0.30	なぜなら	0.27
7	first	0.30	まず	0.26
8	second	0.28	さらに	0.26
9	and	0.26	次に	0.25
10	moreover	0.23	しかしながら	0.24
11	also	0.20	もちろん	0.19
12	secondly	0.20	最後に	0.17
13	in addition	0.19	つまり	0.16
14	first of all	0.16	確かに	0.14
15	then	0.14	したがって	0.12

*英語エッセイは 300 語ごと，日本語エッセイは 400 語ごとの相対頻度

　使われている表現を見ると，英語の表現では，ライティングのテキストなどでよく扱われる基本的な接続表現が並んでいて，授業などの影響が語彙の選択に与える影響はやはり大きいのかもしれないことがうかがえる。日本語の方にも英語の表現と対応するような表現が並んでいるが，これを日本語の影響が英語に表れていると見るか，英語でのライティングの学習の影響が日本語にも表れていると見るかは，ここでのデータだけでは判断がつかないため，今後，日本語で書いたのちに英語を書く順序や，日本語と英語で独立したトピックやタスクで書いたものを比べる

と共に，学生にインタビューを行って，どのような各プロセスや思考プロセスを経ているのかの詳細なデータを収集・分析することが望まれる。使用頻度のみを比較すると，英語母語話者のエッセイよりも英語・日本語ともに接続表現の過剰使用とも言えるような状態ではあるが，エッセイの長さと使用頻度との関係があるかどうかを検証するために，総語数と接続表現の使用回数の相関関係を確認した（表11）。

表11. KUBEC 英日エッセイの相互数と接続表現の使用回数との相関

	英・総語数	英・接続表現	日・総語数	日・接続表現
英・総語数	–			
英・接続表現	.45	–		
日・総語数	.82	.36	–	
日・接続表現	.41	.72	.44	–

　これから分かるように，英日のエッセイの総語数の相関が高いのは初めに示した通りだが，接続表現の相関も .72 とある程度高い値を示した。しかしながら，英日それぞれのエッセイでは，総語数と接続表現の使用回数との相関は，.45 程度とあまり高い値を示さなかった。これから，文章を長く書く学生がそれに比例して接続表現を多く使うということは必ずしも言えないということが示唆される。ただし，KUBEC のデータには言語運用能力に関する信頼できる情報がないため，確認することは難しいのと，長く書けるが故に相対的に頻度が下がったことも可能性としては考えられる。

　最後に，英語母語話者との比較のために，ICNALE のエッセイと同様の比較をするとともに，英語のみでの比較になるので，等位接続詞を除外して，文中も含めた接続表現の使用頻度を比較する。表12 に ICNALE の日本語母語話者と英語母語話者のエッセイでの接続表現の相対頻度上

第5章　関西大学バイリンガルエッセイコーパス (KUBEC) の可能性を探る　113

位の表現を示す。

表12. ICNALE の接続表現の相対頻度上位 15 表現*

	NNES		NES	
1	so	1.52	however	0.20
2	but	1.13	also	0.17
3	and	1.05	for example	0.16
4	for example	0.65	therefore	0.12
5	second	0.48	so	0.11
6	first	0.47	finally	0.10
7	however	0.28	but	0.10
8	of course	0.27	next	0.07
9	therefore	0.25	furthermore	0.07
10	third	0.25	secondly	0.07
11	because	0.24	first	0.06
12	then	0.20	firstly	0.06
13	secondly	0.15	in addition	0.04
14	finally	0.15	lastly	0.04
15	firstly	0.12	on the other hand	0.04

*300 語ごとの相対頻度

　KUBEC のエッセイでは however が so の 2 倍程度の頻度であった
が，ICNALE の日本語母語話者のエッセイでは，so の頻度が最も高く，
however の頻度はそれに比べると低くなっている。CEFR のレベルごと
にも確認はしてみたが，あまり大きな違いが見られなかった。ICNALE
のデータはおそらく同じ大学の学生を中心に取られているのではないか
と考えられるので，このようなメタ談話標識である接続表現の使用頻度

には，ある程度教育の影響が出ているのではないかと推測できる。英語母語話者においては，however の使用頻度が最も高いものの，300 語あたり 0.2 回なので，誰もが使うような頻度ではなく，その他の表現や文頭以外で接続表現を使っている可能性も考えられる。その確認も兼ねて，KUBEC も含めて，等位接続詞を除いた接続表現のエッセイ全体での使用頻度を確認する。

表13 は，上記の接続表現から等位接続詞を除き，文頭という限定を除いた相対頻度である。

表13. 等位接続詞を除く接続表現の相対頻度

	エッセイ数	平均 相対頻度	標準偏差	最小 素頻度	最大 素頻度
KUBEC 英語	637	5.7	2.7	0	17
ICNALE NNES	400	4.9	2.7	0	10
ICNALE NES	200	1.9	1.8	0	7

*300 語ごとの相対頻度

等位接続詞を含む文頭の接続表現の頻度と比べると，頻度上位の項目に so や and, but などの等位接続詞があったことからわかるように，ICNALE の日本語母語話者のエッセイでは頻度が大きく落ちている。KEBEC のエッセイでもある程度の低下は見られるが，ICNALE の英語母語話者のエッセイではあまり変化が見られない。これらから，英語母語話者では，もともと文頭の等位接続詞の使用があまり多くなかったことに加えて，文頭だけではない接続表現の使用がある可能性が考えられる。

表14. 英語エッセイの接続表現相対頻度上位 15 表現

	KUBEC E		ICNALE NNES		ICNALE NES	
1	however	1.02	for example	0.70	however	0.31
2	therefore	0.46	second	0.48	therefore	0.24
3	for example	0.42	first	0.47	for example	0.18
4	in conclusion	0.30	however	0.32	also	0.18
5	first	0.30	of course	0.31	finally	0.10
6	second	0.28	therefore	0.26	next	0.07
7	moreover	0.24	third	0.25	furthermore	0.07
8	also	0.21	because	0.24	secondly	0.07
9	secondly	0.20	then	0.20	first	0.06
10	in addition	0.19	secondly	0.15	firstly	0.06
11	first of all	0.16	finally	0.15	in addition	0.05
12	of course	0.16	in fact	0.13	on the other hand	0.05
13	then	0.16	firstly	0.12	lastly	0.04
14	thus	0.15	moreover	0.12	second	0.04
15	firstly	0.14	also	0.11	as a result	0.03

*300 語ごとの相対頻度

　文頭に限らない接続表現の頻度上位項目を見てみても（表14），項目自体はあまり大きな違いが見られないが，やはり英語母語話者の使用頻度が低いのがわかる。これまでの研究で明らかになっている学習者の接続表現の過剰使用はここでも確認されたことになる。頻度上位の項目に違いが見られない以上，注目すべきは別の要素であるべきなのか，もう少し低頻度の項目の種類など別の視点が必要なのかもしれない。

おわりに

本論では，まず初めに，英日のエッセイテキストを品詞タグ付けして分析するための下準備を，Mac 用のアプリケーションである CasualTagger を利用して行う手順の詳細な説明をした。実際にテキストを収集してコーパスを作成しても，単にコンコーダンサーで検索して終わるのではなく，タグ付けやその修正などを効率よく行い，研究の目的に合わせたコーパスの準備をすることが重要である。様々なタグ付け補助機能を備えた CasualTagger をぜひ活用していただきたい。

また，本論では，本プロジェクトのバイリンガルエッセイコーパスの英日両方のエッセイと，同じトピックで作られた ICNALE の学習者および英語母語話者のエッセイをいくつかの語彙指標を使って比較し，バイリンガルコーパスでの研究の可能性を探った。実際問題としては，筆者の研究対象である英語の書き言葉の分析をそのまま当てはめるだけでは，日本語を分析することは難しいことを改めて感じた。バイリンガルコーパスとして，英日エッセイを比較して研究を行うためには，何らかの共通の指標なりを決めてアプローチを行うことが必要であろう。また，第三者によるエッセイの評価や，何かしらの外部指標で，単に同じ筆者のエッセイを比較するのではなくコーパス内での比較対象も行えるような状況になってほしい。

最後に，今回の調査では，単にバイリンガルコーパスで何ができるかを探るところまでしかたどり着けなかったが，これまでにない，同じトピックで同じ学習者が書いた英日のエッセイを含むコーパスの利用が広がり，アカデミックライティングの研究に大いなる貢献をすることを期待する。

第5章　関西大学バイリンガルエッセイコーパス (KUBEC) の可能性を探る　117

参考文献

Biber, D., Johansson, S., Leech, G., Conrad, S., Finegan, E., & Quirk, R. (1999). *Longman grammar of spoken and written English*. Harlow, Essex: Pearson Education.

Bolton, K., Nelson, G., & Hung, J. (2002). A corpus-based study of connectors in student writing: Research from the international corpus of English in Hong Kong ICE-HK. *International Journal of Corpus Linguistics*, 7, 165–182.

Hinkel, E. (2002). *Second language writers' text: Linguistic and rhetorical features*. Mahwah, NJ: Routledge.

Hyland, K. (2005). *Metadiscourse: Exploring interaction in writing*. London: Continuum.

Imao, Y. (2017). MacR (Version 1.0.1) [Computer software]. Available from https://sites.google.com/site/casualmacr/

Imao, Y. (2018a). CasualConc (Version 2.0.8) [Computer software]. Available from https://sites.google.com/site/casualconc/

Imao, Y. (2018b). CasualTagger (Version 1.0.1) [Computer software]. Available from https://sites.google.com/site/casualconc/

Ishikawa, S. (2011). A new horizon in learner corpus studies: The aim of the ICNALE project. In G. Weir, S. Ishikawa, & K. Poonpon (Eds.), *Corpora and language technologies in teaching, learning and research* (pp. 3–11). Glasgow, UK: University of Strathclyde Publishing.

Liu, D. (2008). Linking adverbials: An across-register corpus study and its implications. *International Journal of Corpus Linguistics*, *13*, 491–518. doi:10.1075/ijcl.13.4.05liu

山西博之・水本篤・染谷泰正 (2013). 「関西大学バイリンガルエッセイコーパスプロジェクト―その概要と教育研究への応用に関する展望―」『関西大学外国語学部紀要』, 9, 117–139.

第6章

統語・形態素の習得を探る手段としての学習者コーパスの可能性

浦野 研

はじめに

　本論の目的は，関西大学バイリンガルエッセイコーパスを，統語や形態素といった文法の習得過程を調査する目的で利用することができるかどうかを検討することである。まず第二言語習得研究における学習者データの役割について整理し，学習者コーパスに求められる条件を提示する。その上でバイリンガルエッセイコーパスのデータの一部を用いた予備的な分析を行うことで，上記の目的での利用可能性を検討し，今後の研究課題について考察する。

1. 第二言語習得研究と学習者データ

　第二言語習得（Second Language Acquisition: SLA）研究は，第一言語（母語）が習得された後の言語習得を対象とした研究分野であり，様々な環境下において学習者が何をどのように習得するのかを調査し，習得過程に見られる普遍性や個人差，社会的要因などを明らかにすることを目標としている（Ortega, 2009, p. 10）。その中で，特に統語や形態素を中心と

した狭義の「文法」規則の習得を対象とした研究では，早くから学習者による産出データが用いられてきた。Corder (1967) は学習者の発話に見られる誤用分析の重要性を説き，1970年代には，形態素習得の自然順序の有無を確かめるために誤用分析が行われ，英語の形態素習得には第一言語にかかわらず普遍的な順序があるという提案がなされた (e.g., Bailey, Madden, & Krashen, 1974; Dulay & Burt, 1973)。

　研究手法の洗練に伴いSLA研究で用いられるデータの種類は多様化しているが，産出データの分析は現在においても主要な方法のひとつと言える。学習者の産出データを大規模かつ効率的に扱うのに適した学習者コーパスが多く公開され，Murakami　らの一連の研究（e.g.，Murakami, 2013; Murakami & Alexopoulou, 2016）のように，学習者コーパスの分析によって自然順序に関する新たな知見を生み出す研究も行われている。

　学習者コーパスは，学習者の産出をコンピュータを用いて系統的に収集したもの（Nesselhauf, 2005, p. 40）と定義され，日本でも The NICT Japanese Learner English (JLE) Corpus，The Japanese EFL Learner (JEFLL) Corpus，Nagoya Interlanguage Corpus of English (NICE)，The International Corpus Network of Asian Learners of English (ICNALE) などの学習者コーパスが公開されている。その一方で，学習者コーパスを用いた文法習得に関する研究はそれほど多くなく，それらの大半は上述した自然順序に関するものである（e.g., 和泉・内元・井佐原, 2005; Tono, 2002）。本論では，文法規則の習得研究を行うために学習者コーパスを利用するための条件を整理し，この分野における関西大学バイリンガルエッセイコーパスの利用可能性について検討する。

120　第2部【実践・研究編】

2. 文法習得研究に適した産出データ

2.1 明示的知識の干渉

　SLA研究，特に文法規則の習得研究では，学習者の持つ知識を大きく2種類に分類する考えが受け入れられてきた。「習得（acquisition）」と「学習（learning）」(e.g., Krashen, 1981)，「手続き的知識（procedural knowledge）」と「宣言的知識（declarative knowledge）」(e.g., DeKeyser, 2007)，「暗示的知識（implicit knowledge）」と「明示的知識（explicit knowledge）」(e.g., Ellis, Loewen, Erlam, Philp, & Reinders, 2009) のように複数の用語が用いられ，理論的背景や定義において若干の差異もあるが，基本的には，(a) 母語話者が持つような直感的で即時的な言語処理に使われる知識と，(b) 外国語学習でよく見られる，分析された意識的な知識と区別することができる（本論では以後前者を暗示的知識，後者を明示的知識と呼ぶこととする）。日本語の格助詞「は」と「が」のように，母語話者なら（ことばで説明することはできなくても）無意識的に区別できるものが暗示的知識であり，英語のいわゆる三単現 "–s" のように，日本語を母語とする学習者の多くがその規則を説明できる（が常に正しく使えるとは限らない）ものを明示的知識と呼ぶことができる。

　第二言語を使用する際には，学習者は明示的知識と暗示的知識の両方を用いていると考えるのが自然だろう。外国語教育としても，その言語でコミュニケーションを行うことのできる学習者が育つのであれば，両方の知識が混在する状態であっても問題はない。図1はSLAにおける明示的知識と暗示的知識の関係を示したモデルである。インプットを理解し，自分の考えをアウトプット（産出）するためには暗示的知識が主要な役割を果たすと一般的に考えられ，暗示的知識が不足している場合にそれを補うために明示的知識が活用されると言える。

第6章　統語・形態素の習得を探る手段としての学習者コーパスの可能性　121

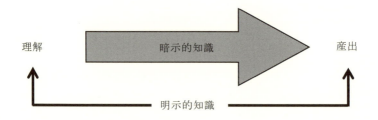

図1. 明示的知識と暗示的知識の関係（浦野，2013, p. 37）

　一方で，特に認知科学的な立場のSLA研究では，たとえば「幼児期を過ぎた学習者が母語話者と同じレベルの能力を身につけることができるのか」，「もしそれが不可能だとすると，どのような知識や能力が習得可能で，どのようなものは習得不可能なのか」，「母語話者と第二言語学習者の間に見られる違いは何に起因するのか」といった問いが研究課題となり，そのためには，母語話者と同じ種類の知識，つまり暗示的知識を切り分けて測定する必要がある。図1で示したように，学習者の産出には暗示的知識と明示的知識の両方が用いられることがあるため，産出データをそのまま観察しても暗示的知識を測定しているとは言い切れない。

　典型的な事例として，ここで英語の三単現 –s を取り上げる。日本では中学校1年生の段階で扱われる文法規則であり，多くの学習者は明示的知識を持っている（つまり，–s の使い方について説明ができる）だろう。ところが，三単現 –s は自然順序に関する一連の研究では習得が難しいとされる形態素のひとつであり，日本の英語学習者の産出を見ても，–s の誤用，特に脱落が頻繁に観察される。実際，英語能力のかなり高い学習者であったとしても，–s の誤用なしに英語を話し（書き）続けるのは難しい。これは，日本語には主語と動詞の一致（agreement）の概念が存在しないため[1]，英語を習得する際にこの暗示的知識を身につけることができないことに起因すると考えられている。

日本語を母語とする英語学習者の主語と動詞の一致に関する知識については，自己ペース読み課題（self-paced reading task）を用いた研究がいくつか行われている（e.g., Bannai, 2011; Shibuya & Wakabayashi, 2008; Wakabayashi, 1997）[2]。自己ペース読み課題はコンピュータ上で行われる実験手法で，被験者はスクリーンに提示されたテスト文をできるだけ早く読む（意味を理解する）よう指示され，直後に意味内容に関わる質問に回答するという形式をとる。被験者の読む速度（reading time: RT）を測定し，文法的に正しい文と誤りを含む文をペアで用意してそのRTの差を比較する。この手法の背景にあるのは，暗示的知識を持っている場合には文法的逸脱を含む文を読む時にRTが長くなるという前提であり，実際母語話者を対象にした研究ではそれが示されている（Pearlmutter, Garnsey, & Bock, 1999）。一方で，日本語を母語とする英語学習者を被験者とした研究では，主語と動詞の一致の規則に逸脱する英文のRTは，文法的に正しい文のRTと比べて統計上有意な差が見られなかった。これはつまり，日本語を母語とする英語学習者は主語と動詞の一致に関する暗示的知識を持っていないことを示していると言える。

　三単現 –s は，学習者コーパスを用いた習得研究では必ずといってよいほど扱われる形態素である。コーパスを用いて自然順序を調査する研究では，個々の形態素について，正確な使用と誤用とを数え，正確な使用率を計算して比較する。基本的には，正確な使用率が高い文法規則ほど習得がしやすく，低い規則は習得が難しいと解釈される。正確な使用率は主に2つの方法で計算される。Dulay and Burt (1973) の頃から使われてきたのが suppliance in obligatory context (SOC) score であり，計算式は次のとおりである。

(1)　$\text{SOC Score} = \dfrac{\text{number of suppliances} + 0.5 \times \text{number of incorrect suppliances}}{\text{number of obligatory contexts}}$

(Murakami & Alexopoulou, 2016, p. 375)

当該形態素が必要な場所で，正しい形態素が使われていれば100%，誤った（別の）形態素が使われていれば50%の得点を与え，欠落していれば0%とすることで，得点を計算する方法である。

　近年の研究でより広く使われるのが target-like use (TLU) score であり，次の式で計算される。

(2) $\text{TLU Score} = \dfrac{\text{number of correct suppliances}}{\text{number of obligatory contexts} + \text{number of overgereralization errors}}$

(Murakami & Alexopoulou, 2016, p. 375)

SOCスコアとの違いは，誤った形態素の使用に得点を与えないことと，それに加えて形態素の過剰使用（本来出現してはいけない場所で使用すること）を分母に加えて得点を低くすることの2点である。

　形態素習得の自然順序を扱った研究では，複数の形態素の正確な使用率を比較して順位づけを行うが，ここで注目したいのは順位ではなく使用率そのものである。和泉・内元・井佐原 (2005) は，日本語を母語とする英語学習者が面接官と行ったスピーキングテストの書き起こしデータを収録した The NICT JLE Corpus を用いて8つの形態素の正確な使用率を分析している。この研究ではSOCスコアが用いられ，三単現 –s の得点は96.25%であった。これは，この学習者コーパスでは –s の誤用は4%以下というとても低い割合であることを意味しており，言い換えれば，このコーパス中の英語学習者たちは三単現 –s をほぼ正確に使用できていたことになる。

　さらに大規模な学習者コーパスを利用した研究もひとつ紹介する。Murakami (2013) は，Cambridge English Language Assessment exams を受験した135,000のエッセイデータを集めた The Cambridge Learner Corpus を利用し，7つの言語の母語話者による3,000超のエッセイを対象に6つの形態素の正確な使用率を分析している。分析にはTLUスコアが用いられ，

124　第2部【実践・研究編】

日本語母語話者による三単現 –s の得点は84%であった。この結果についても，100%に近くはないものの，誤用よりも正確な使用の方がかなり多いことを示している。

　このように，学習者コーパスを利用した形態素使用の正確さに関する研究からは，形態素間で得点に差はあるものの，全体的に高い得点が観察され，これは形態素をかなり正確に使用していることを意味している[3]。自己ペース読み課題などを用いた研究では，日本語母語話者は英語の主語と動詞の一致に関する暗示的知識を持っていない可能性が示唆されており，それにもかかわらず学習者コーパスデータでは高い正確さを見せていることは，これらのコーパスにデータを提供した学習者たちは，産出時に暗示的知識だけでなく明示的知識も使用していた可能性が高いことを示している。したがって，学習者が特定の言語規則に関する暗示的知識を持っているかどうかを問うような狭義のSLA研究には，既存の学習者コーパスのデータをそのまま用いることは難しいと言える。

　学習者コーパスを作成する際に，明示的知識の使用を完全に防ぐことは難しいと思われるが，データの収集方法を工夫することで明示的知識の干渉をある程度抑えることは可能である。そのひとつの方法が時間制限の付加である。SLAにおける明示的知識と暗示的知識の関係について最初に提案した Krashen (1981) は，明示的知識が取りうる役割のひとつに「モニター（暗示的知識によって生成されたアウトプットの正確さを明示的知識の助けを借りて高めることで，図1の右側の矢印に該当）」があると述べ，モニターが機能するための条件のひとつとして十分な時間があることを挙げている。また，明示的知識と暗示的知識の測定方法について検討した Ellis (2005) は，文法性判断課題においては時間制限を加えることで明示的知識の干渉を減らすことができる可能性を指摘している。実際にどの程度の時間制限を加えると明示的知識の干渉が抑えられるかについては，データの収集方法だけでなく学習者の英語力

（proficiency）に依存する部分も大きいが，たとえば学習者要因を統制した上で，時間制限の大きさと形態素使用の正確さとの関係を調査するような実験を行うことが可能である。今後そのような研究が行われることで，学習者コーパスの収集方法についての新しい指標が作成されることを期待したい。

2.2 個人差

　学習者コーパスは，より多くの学習者の産出データを収集することで規模を大きくすることを目指す。そのため，ひとりあたりの産出量はそれほど多くなく，書きことばのコーパスの場合，数百語のエッセイが1つまたは2つというのが一般的である。データの分析は，コーパス全体をひとまとめに行うことが多く，同じ母語を持つ学習者をひとつの単位として扱うことが多い[4]。一方，文法規則の習得を扱うSLA研究の多くは，平均値のようなグループの代表値を用いた分析に加えて，ひとりひとりの学習者間に見られる個人差も検討する。たとえば，平均や分散を用いたグループ単位の分析の他に，調査対象の文法規則を習得している（つまり暗示的知識を持っている）と考えられる学習者とそうでない学習者を区別し，それぞれの特徴をさらに分析することも多い。このように学習者ひとりひとりを個別に分析するためには，それぞれの産出データの中に調査対象の文法規則が十分な数存在する必要がある。どの程度の頻度で出現するかは個々の文法規則によって大きく変動するが，ひとりあたりの産出が数百語程度の学習者コーパスでは，個人差を検討することができない文法規則もあると考えられる。

　関西大学バイリンガルエッセイコーパスは，大学の授業の形で時間をかけて収集を行っているため，最大でひとりあたり十数回分のエッセイデータが蓄積されている。ひとりあたり数千語の産出データになり，出現回数が少ないために他の学習者コーパスでは個人差を分析することの

できないような文法規則を扱った研究が可能になる。

3. 予備的分析

3.1 分析の目的

　前節では，学習者コーパスを狭義のSLA研究に用いるための条件として，明示的知識の干渉が抑えられていることと，ひとりあたりの産出量が多いことを挙げた。関西大学バイリンガルエッセイコーパスは，このような目的のためだけに作成されたコーパスではないが，ひとりあたりの産出量が多いという条件を満たしているため，実際に習得研究への利用を検討する価値がある。そこで本論では，コーパスの一部を用いて予備的な分析を行い，文法規則の（暗示的）知識を調査する目的での本コーパスの利用可能性を検討する。

3.2 分析対象

　今回分析対象としたのは，本コーパスのうち筆者が収集を行った2015年度と2016年度のそれぞれ2回のエッセイデータである。被験者は札幌市内の私立大学で経営学を専攻する2年生を対象としたライティング科目の履修者21名（2015年度14名，2016年度7名）で，全員が調査目的でのデータの提供に同意し，2回のエッセイの執筆を行っている。扱ったテーマは「大学生はアルバイトを行うべきか」と「飲食店をすべて禁煙とすべきか」である。エッセイの執筆は90分授業のうちの最初の60分を使ってPC上で行い，残りの30分は同じテーマでの日本語でのエッセイ執筆に充てられた。バイリンガルエッセイでは，一度書いたエッセイを修正する機会が与えられるが，今回分析対象としたのは修正前のもの（初版）である。エッセイ執筆は，辞書を含め一切の参照許可物がない状態で行った。エッセイの語数に関する基本情報は表1のとおりである。

表1. エッセイの語数（2回のエッセイの合算）

M	SD	Max	Min
654.4	154.2	1,032	446

3.3 分析方法

　今回の分析対象は総語数で13,742語とそれほど大きな規模ではないため，エラータグの自動的な付与などは行わず，筆者が手作業でコーディングを行った。過去形の形態素や助動詞がついていない普通動詞の規則動詞の現在形のみを分析対象とし，一人称，二人称，三人称の主語すべてについて，形態素 –s の付与の有無をカウントした。一人称と三人称については単数と複数の区別も行ったが，二人称については主語の you が単複同形であること，意味だけで単複を明確に区別することが難しいこと，そして単複にかかわらず形態素 –s の付与が非文法的であることから，単複の区別は行わなかった。

3.4 結果と考察

　すべてのエッセイをまとめた結果を表2に示す。形態素 –s の付与が必要な三人称単数の主語は全体で86箇所確認され，そのうち –s が正確に産出されたのはちょうど50%にあたる43箇所であった。また，三人称複数の主語の8.8%（＝15/169）で –s の過剰使用が観察され，一人称単数の主語でも1例の過剰使用があった（1/176＝0.6%）[5]。以下、過剰使用も含めた誤用の実例を紹介する。

(3) I thinks smoking is banned at many restaurants.　（一人称単数の主語における –s の過剰使用）

(4) I feel that smoking make dishes awful, because the smell is different from the cooks.　（三人称単数の主語における –s の脱落）

128　第2部【実践・研究編】

(5) Part-time jobs <u>gives</u> us the feeling.　（三人称複数の主語における –s の
　　過剰使用）

表2.　三単現 –s の付与

人称	一人称		二人称	三人称	
単複	単数	複数	単複	単数	複数
–s 有	1	0	0	43	15
–s 無	175	22	40	43	154

注. 網掛け部分が誤用

　学習者ひとりひとりを個別に分析することも本論の目的であったため，21名の被験者の –s の正確な使用率をTLUの計算式を用いて算出したところ，平均値が42%（SD = 36）となった。これは，The Cambridge Learner Corpus を用いて日本語母語話者の形態素使用を分析した Murakami (2013) の84%と比べるとかなり小さい数値と言える。年度は違うものの，同じ大学で同じライティングの授業を履修する大学2年生を対象に文法規則の知識を調査した浦野 (2011) では，被験者11名全員が三単現 –s に関する明示的知識を持っていたことが示されており，本研究における21名の学習者もおそらく同様の明示的知識を持っていたと思われる。これはつまり，今回の被験者にとって，バイリンガルエッセイの課題は明示的知識を十分に活用できない条件であった可能性があり，どのような文脈で正しく –s の付与ができて，どのような文脈で –s が欠落したのかを詳細に分析することで，産出課題における明示的知識の利用実態について新たな知見が生み出される可能性がある。

　その一方で注意すべきなのは，今回対象としたエッセイはひとりひとりの産出データを個別に分析するには十分ではなかった点である。三単現の主語が全体で86箇所観察されたが，これはひとりあたりに平均する

と4.1回という低頻度であり，実際21名中3名のエッセイでは三単現の主
語がそれぞれ1回ずつしか観察されていない。バイリンガルエッセイコー
パスではひとりあたりの語数がさらに多い被験者（データ提供者）も存
在するため，今後そのデータを分析することでこの問題は解決できるだ
ろう。

おわりに

　本論の目的は，関西大学バイリンガルエッセイコーパスを用いて，三
単現 –s のような形態素の暗示的知識を調査することが可能かどうかを
検討することであった。学習者コーパスの収集過程で明示的知識の影響
を抑えることが難しいことが示されたが，学習者ひとりあたりの産出量
が多いため，他のコーパスでは難しい個人差の比較が可能であり，本論
で提示した予備的分析を基に規模を拡大した分析を行うことで新しい知
見が生み出される可能性を指摘した。

注
1. 厳密には，主語と動詞の一致に関わる人称と数のうち，日本語には数の概
　　念が欠落していると考えられている（e.g., Wakabayashi, 1997）。
2. SLA研究における自己ペース読み課題の使用については，Jiang (2004, 2011)
　　を参照。
3. SOCスコアを用いた和泉・内元・井佐原 (2005) で82.31%（冠詞）から98.56%
　　（所有格 ’s），TLUスコアを使用した Murakami (2013) では76%（冠詞）
　　から92%（進行形 –ing）。
4. 独立した学習者の能力指標などのデータを持つコーパスもあるが，個人単
　　位でなくグループ単位で分析を行うという点では変わらない。
5. 形態素の過剰使用は，他の形態素と比べて三単現 –s の場合に多く観察さ
　　れることが知られており，本論の分析結果はSLA研究の点からも興味深
　　い。–s の過剰使用の大半が三人称複数形の主語に対するものであること
　　は、注1で述べたとおり、日本語を母語とする英語学習者は英語の人称の

一致については敏感である（つまり暗示的知識を持っている）ものの、数の一致については暗示的知識を持っていない可能性を示唆していると言える。この現象は、学習者の誤用は暗示的知識の欠如ではなく産出時の処理上の問題だとするMissing Surface Inflection Hypothesis (Prévost & White, 2000) の反証になりうるため、さらに詳しく分析する必要があるだろう。

参考文献

Bailey, N., Madden, C., & Krashen, S. D. (1974). Is there a "natural sequence" in adult second language learning? *Language Learning*, *24*, 235–243. doi:10.1111/j.1467-1770.1974.tb00505.x

Bannai, M. (2011). The nature of variable sensitivity to agreement violations in L2 English. *EUROSLA Yearbook, 11*, 115–137. doi:10.1075/eurosla.11.08ban

Corder, P. (1967). The significance of learner's errors. *International Review of Applied Linguistics, 5*, 161–170. doi:10.1515/iral.1967.5.1-4.161

DeKeyser, R. M. (Ed.). (2007). *Practice in a second language: Perspective from applied linguistics and cognitive psychology*. Cambridge University Press.

Dulay, H. C., & Burt, M. K. (1973). Should we teach children syntax? *Language Learning*, *23*, 245–258. doi:10.1111/j.1467-1770.1973.tb00659.x

Ellis, R. (2005). Measuring implicit and explicit knowledge of a second language: A psychometric study. *Studies in Second Language Acquisition, 27*, 141–172. doi:10.1017/S0272263105050096

Ellis, R., Loewen, S., Elder, C., Erlam, R., Philp, J., & Reinders, H. (2009). *Implicit and explicit knowledge in second language learning, testing and teaching*. Bristol: Multilingual Matters.

和泉絵美・内元清貴・井佐原均. (2005). エラータグ付き学習者コーパスを用いた日本人英語学習者の主要文法形態素の習得順序に関する分析. 『自然言語処理』, 12, 211–225. doi:10.5715/jnlp.12.4_211

Jiang, N. (2004). Morphological insensitivity in second language processing. *Applied Psycholinguistics, 25*, 603–634. doi:10.1017/S0142716404001298

Jiang, N. (2011). *Conducting reaction time research in second language studies*. NY: Routledge.

Krashen, S. D. (1981). *Second language acquisition and second language learning*. Oxford: Pergamon.

Murakami, A. (2013). Cross-linguistic influence on the accuracy order of L2 English grammatical morphemes. In S. Granger, S. Gaëtanelle, & F. Meunier (Eds.), *Twenty years of learner corpus research: Looking back, moving ahead: Corpora and language in use—Proceedings 1* (pp. 325–334). Louvain-la-Neuve: Presses universitaires de Louvain.

Murakami, A., & Alexopoulou, T. (2016). L1 influence on the acquisition order of English grammatical morphemes: A learner corpus study. *Studies in Second Language Acquisition, 38*, 365–401. doi:10.1017/S0272263115000352

Nesselhauf, N. (2005). *Collocations in a learner corpus.* Amsterdam: John Benjamins.

Ortega, L. (2009). *Understanding second language acquisition.* London: Hodder Education.

Pearlmutter, N. J., Garnsey, S. M., & Bock, K. (1999). Agreement processes in sentence comprehension. *Journal of Memory and Language, 41*, 427–456. doi:10.1006/jmla.1999.2653

Prévost, P., & White, L. (2000). Missing Surface Inflection or Impairment in second language acquisition? Evidence from tense and agreement. *Second Language Research, 16*, 103–133. doi:10.1191/026765800677556046

Shibuya, M., & Wakabayashi, S. (2008). Why are L2 learners not always sensitive to subject-verb agreement? *EUROSLA Yearbook, 8*, 235–258. doi:10.1075/eurosla.8.13shi

Tono, Y. (2002). *The role of learner corpora in SLA research and foreign language teaching: The multiple comparison approach* (Doctoral dissertation). Retrieved from EThOS (uk.bl.ethos.289059)

浦野研. (2011). 知っているのに使えない: 明示的文法知識が正確な言語使用に結びつかないケース. 横田秀樹 (編), 『第二言語習得研究の成果とその英語教育への応用: 中部地区英語教育学会2007年～2009年度課題別研究プロジェクト報告書』(pp. 29–39). Retrieved from: http://www.urano-ken.com/research/urano2011.pdf

浦野研. (2013). 第二言語学習者の暗示的文法知識の測定法: 構成概念妥当性の視点から. 『外国語教育メディア学会 (LET) 関西支部メソドロジー研究部会 2012 年度報告論集』, 36–45. Retrieved from: http://www.mizumot.com/method/2012-03_Urano.pdf

Wakabayashi, S. (1997). *The acquisition of functional categories by learners of English* (Unpublished doctoral dissertation). University of Cambridge.

第7章

バイリンガルエッセイコーパスに見る problem(s)とのコロケーションの 比喩表現と意味拡張

鎌倉　義士

はじめに

　第二言語学習者の習熟度を測る指標としてメタファーを含む比喩表現の使用が注目されている。以前，比喩は文学の表現手法としてしか見られなかったが，認知言語学の知見により比喩表現は人の思考や見方が表出したものと新たな評価を受けた。第二言語習得研究においてもmetaphoric competence（Littlemore, 2001）の概念で学習者が目標言語での比喩表現の理解や運用の度合がその言語の熟達度と関連すると言われる（Littlemore, Krennmayr, Turner & Turner, 2014）。日本人英語学習者の比喩表現使用を分析するデータとしてKU BE-Corpusは適している。なぜなら，学習者が英語で表現できなかった比喩も対訳の日本語作文で確認することが可能である。本論文では，特にコロケーションに注目し日本人学習者の英作文に確認される比喩表現の運用と基本的な意味から比喩的な意味への拡張について分析を行う。

1. 先行研究

　第二言語習得での学習者の熟達度を測る指標は様々なものがある。文の長さや語彙の多様性など客観的に計測される指標がある一方で，目標言語での比喩表現（figurative expressions）の使用を習熟度の目安とする試みがなされている（Littlemore, 2001; Littlemore & Low, 2006; Littlemore et al., 2014, Moon, 2004; Rundel, 2007）。言語の経済性から考えれば，限られた語彙で多様な表現を可能にするには比喩表現は不可欠であり，母語話者だけでなく第二言語学習者にも必要な表現となる。なぜなら，母語話者による比喩表現を目標言語の学習者が理解する場面が生じる（Littlemore, 2003）。比喩表現の理解と使用は第二言語学習者に必須であり，特に中上級者には更なる上達を目指すために学習が必要となる。

　metaphoric competence（Littlemore & Low, 2006, Littlemore, 2001）とは広義でメタファーなど比喩表現の知識と使用能力を含み，メタファーを有効に活用できる技能を指す。具体的には，（1）メタファー表現の独自性，（2）メタファーを解釈する流暢さ，（3）メタファーの意味を特定する能力，（4）メタファーの意味を特定する速さなどがメタファーを運用する能力としてあげられる。しかしながら，メタファーは固定された表現であるdead metaphorと独自性が高く当意即妙に作られたメタファーが存在する。前者に比べ，表現が自由なメタファーは*like*や*as*を用いる直喩を除き，学習者には基本的な語彙の意味から逸脱度が高いため誤用を恐れ，その使用を学習者が回避する傾向がある。そのため，学習者による話す・書くという言語産出では比喩表現の表出が少ない（小屋，2002, Littlemore et al., 2014）。

　日本人英語学習者によるエッセイ内ではmetaphoric competenceを測る対象となる比喩表現の産出が少ないと予測した上で，本研究では学習者のコロケーションに表れる比喩的な意味拡張に焦点を当てる。コロケー

ションによって構成される語の組み合わせにも比喩的な解釈が含まれる。コーパス分析に適する統計に基づく句のパターンを特定する手法を用いれば，コロケーションの構成に潜む比喩的な意味拡張を分析することが可能となる。例えば，今回の分析では日本人英語学習者がproblem(s)に対してA PROBLEM IS AN ENTITY THAT CAN ENLARGE AND INCREASEの概念メタファーを有することが明らかになった（Lakoff & Johnson, 1980）。

　言語研究においてメタファーを含む比喩表現の産出をテキスト内で特定するのは困難であり，様々な試みが行われている。Stefanowitsch（2006）は起点領域の語を対象とする分析方法，もしくは目標領域の語を対象とする分析方法などを提示する。しかしながら，コンピュータを使用せず研究者の人力に頼る比喩表現の特定は対象にできるデータ量が限られるため推奨していない。コーパスを使用しても研究者による手作業のタグ付けを比喩表現に施すことも同様に一貫性を保つことが困難との問題を提起している。テキスト内のメタファーを特定する基準として提唱されたMIPVU（Metaphor Identification Procedure Vrije Universiteit: Steen, Dorst, Dorst, Herrmann, Kaal, Krennmayr, & Pasma, 2010）は直喩だけでなく，擬人法，代名詞による照応をも対象とし，複数の研究者によって比喩表現を直接確認がなされる。なぜなら，比喩表現は必ずしも表出された形式や意味が一定ではないため，文脈に沿った解釈の上で比喩表現なのか判断する必要がある。その前提では，会話のデータ化も含めテキストデータの分析を主とするコーパス分析では比喩表現の研究が不可能のように思われるが，これまでにコーパスデータを用いた比喩表現の研究は多数行われている。代表的なものがStefanowitsch & Gries（2006）であり，メタファーやメトニミーを対象とするコーパス研究（Hilpert, 2006, Littlemore & MacArthur, 2007）の多くではパターンと呼ばれる意味と関連した独自の句構成を分析の対象とする。その分析理論は，語と句が高頻度の組み合わせで構成され特定の意味と結びつくというpattern grammar （Hunston & Francis, 2000）

第7章　バイリンガルエッセイコーパスに見るproblem(s)とのコロケーションの比喩表現と意味拡張　135

の考えに基づく。本研究も同様に，パターンと意味の関連に注目し，日本人英語学習者が比喩表現の意味拡張の記述と分析を行う。

2. 分析方法

本研究ではKU BE-Corpusを用いて，日本人英語学習者がproblem(s)にどのような意味を想像し，比喩的に意味を拡張させているのかをproblemのコロケーションに着目し分析を行う。problem(s)の語自体の比喩ではなく，そのコロケーションを対象にするのには理由がある。分析データを確認したところ，problem(s)のメタファーとして辞書に提示された病気に例える表現（例 *We live in a sick society.* Rundle, 2007）はKU BE-Corpusでは確認されなかった。それは多くの日本人英語学習者がproblemを対訳語の「問題」と結びつけ，「問題」から「病気」までの比喩的な拡張が生じなかったためと推測する。なぜなら，大学生を中心とする日本人学習者はメタファーを用いるよりも辞書に記された対訳語を使用することで誤用を避けるからであろう。よって，KU BE-Corpusをデータにしてproblem(s)の比喩分析は困難と判断し，それと共起するコロケーションと句構成のパターンを分析の対象とする。

*A word is known by the company it keeps.*はフレイジロジーの原則を説明するために，既存の諺である *A man is known by the company he keeps.* を改変した文である（Firth, 1957）。人の性質が周りの知人から判断できるのと同様に，語の意味や用法も前後に共起する語から特定可能となるのがフレイジオロジーの理論である。コロケーションは非母語話者には習得が難しい。それは習慣的に定着した語もあれば，英和などの対訳もしくは二言語辞書には記述不可能な意味が元となり頻繁に共起する語もある。そのため，日本人英語学習者は母語のコロケーションを参考にし，英語でも同様のコロケーションを使用することがある（小屋, 2002）。そ

のコロケーションの中には英語母語話者はあまり使用せず不自然なものもあるが，単純に日本語からの類推だけでなく独自に発達したコロケーションや特徴的なコロケーションがあるかもしれない。そのコロケーションを母語話者の英語からの逸脱と考えず，日本人の英語（cf. ニホン英語；末延, 2010）の特徴と捉え，母語話者の英語と比べて拡張が不十分な比喩の捉え方には学習者に新たな意味拡張を促す指導が可能となる。本論文の研究課題は以下となる。

- problem(s)と共起する形容詞・名詞・前置詞の分析から日本人英語学習者に特徴的なproblem(s)の意味拡張ネットワークが存在し，記述することは可能か。
- problem(s)の意味拡張ネットワークは単純に対訳語となる「問題」とその共起する日本語の語彙の組み合わせとは異なり，日本人学習者の英語独自の意味拡張が観察されるか。

3. problem(s)とのコロケーション

3.1 形容詞 problem(s)

　表1はKU BE-Corpusの学習者による英作文内でMIスコアが高い順に「形容詞 problem(s)」の組み合わせを示す。「形容詞 problem(s)」の句の隣の欄にはコーパス内で確認された粗頻度を提示し，その「形容詞 problem(s)」のMIスコア，そしてその句が「形容詞 problem(s)」で構成された句の中で使用された比率を三番目の欄に示している。形容詞とproblem(s)との結びつきの度合を示すMIスコアだけでなく，使用比率によって学習者が好んで使用する度合にも着目する。セルが灰色で表示されるコロケーションはOxford Collocation Dictionary（Oxford Dictionary, 2009 以下OCD）にて高頻度のコロケーションとして紹介されている。

表1. 形容詞 problem(s)のコロケーション

形 problem(s)	頻度	MIスコア	率	形 problem(s)	頻度	MIスコア	率
financial	141	7.84277	4.2%	major	24	5.55045	0.7%
serious	787	7.74613	23.5%	huge	25	4.85130	0.7%
economical	27	7.39540	0.8%	several	37	4.74835	1.1%
economic	57	5.93933	1.7%	main	48	4.71357	1.4%
environmental	379	7.08497	11.3%	second	53	4.35487	1.6%
the biggest	110	7.02480	3.3%	various	47	4.34244	1.4%
big	240	6.63154	7.2%	difficult	47	3.98626	1.4%
bigger	7		0.2%	third	20	3.56959	0.6%
controversial	34	6.34813	1.0%	first	71	3.51489	2.1%
mental	93	6.15424	2.8%	many	171	3.32551	5.1%
social	162	6.08925	4.8%	important	41	2.30517	1.2%
significant	30	5.57572	0.9%	other	50	2.04874	1.5%

　表1にある24の「形容詞 problem(s)」の句で半数以上がOCDにも紹介されている高頻度のコロケーションである結果は，分析対象となる学習者が英語における「形容詞 problem(s)」のコロケーションをよく習得していることを示唆する。しかし，英語母語話者のコロケーションと異なり，日本人学習者が好んで使用する傾向が表1では見られる。最初に，big, bigger, the biggestに見られるproblem(s)の重大さをbigの比較級と最上級で表している。これは同様に高いMIスコアで確認されたhugeやmajorには見られない。bigが初級段階で習う語であるため使いやすいという推測は可能で，より高度な語彙となるseriousやsignificantを比較級や最上級で使用する傾向は確認されていない。次に，first, second, thirdという序数やmany, severalの数量を示す形容詞が使用される点である。これらの形容詞は基本的な語であるためOCDには敢えて掲載されていないのかもしれない。注目すべきことは*the first problem, the second problem, the third problem*の句をエッセイ内のディスコースマーカーとして多用する結果であり，これは本研究で分析したコーパス特有の傾向であろう。学習者の誤用もコロケーションで確認された。*economical problem(s)*に対し，**economical problem(s)*の句が散見された。これはeconomyの形容詞を間違えた結果であろう。同様に，「形容詞 problem(s)」で*environmental problem*

138　第2部【実践・研究編】

の同義句として「名詞 problem(s)」の句 *environment problem*が確認された。この句に関しては次節にて述べる。最後に，*controversial problem(s)*が高いMIスコアで使用される傾向が確認できたが，この傾向はBritish National Corpus (BNC) やCorpus of Contemporary American English (COCA) でも数例しか確認できず，*controversial issue/subject/topic*というコロケーションが一般的である（Collins COBUILD Advanced Learner's Dictionary）。*controversial problem(s)*は日本人英語学習者特有のコロケーション使用の傾向と言える。これらの結果に基づき日本人英語学習者による「形容詞 problem(s)」のコロケーションのネットワークを図1に示す。

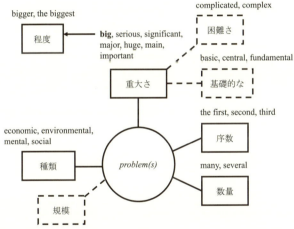

図1. 形容詞 problem(s)のコロケーションネットワーク

　図1は日本人英語学習者が想像するであろう「形容詞 problem(s)」のネットワークである。表1の結果を基に，KU BE-Corpusで確認された高頻度のコロケーションは実線で表示した。例えば，問題の重大さを示す形容詞big, serious, importantなどは頻度の高いコロケーションであり，そして序数や数量を示す形容詞も顕著な特徴である。対して，英語母語話

者には高頻度であるがKU BE-Corpusに見られないコロケーションを破線にて示した。即ち，「重大さ」を示す形容詞としてbigやseriousは用いられているが，「困難さ」complicated, complexそして「基礎的な」basic, central, fundamentalなどの形容詞はKU BE-Corpusでは確認されなかったことを図は示す。「困難さ」についてはdifficultを46例あるもののcomplicatedやcomplexの使用は学習者が回避したようである。

　KU BE-Corpusは学習者による英作文エッセイとその日本語対訳文を併記したパラレルコーパスである。今回のbig, many severalがproblem(s)のコロケーションとして高頻度である傾向は，対訳日本語コーパスからも読み取れる。例えば，「大きな問題」という句は393例確認され，「問題」を含む9683例中，約4％で「大きな問題」の句で使用されている。「問題」に先行する形容詞だけでなく，名詞や修飾する形容詞節なども含むため，その比率が大きいことは明らかである。さらに，「深刻な問題」（582例），「多くの問題」（114例），「たくさんの問題」（69例），「様々な問題」（123例）が確認された。これらの頻度は対訳語となる英語の形容詞の頻度と必ずしも一致しておらず，英作文エッセイを書いた学習者が安易に対訳の日本語を選びコロケーションを構成したのではないことが推測できる。

3.2 名詞 problem(s)

　名詞にproblem(s)が続くコロケーションによってどの種の問題なのかを限定する名詞句が構成される。表2は内容語のコロケーションの度合を示すMIスコアを用いて，KU BE-Corpus内で頻度が高い「名詞 problem(s)」の句を分析した結果である。表2では粗頻度とMIスコア，そしてコーパス内に見る「名詞 problem(s)」句の中で該当する名詞が使用される比率を示した。OCDには「名詞 problem(s)」のコロケーションは提示されていないが，BNCとCOCAの英米コーパスにて確認された「名詞 problem(s)」の句で共起する名詞を灰色のセルで表2に表示した。

140　第2部【実践・研究編】

表2. 名詞 problem(s)のコロケーション

名詞 problem(s)	頻度	MIスコア	率	名詞 problem(s)	頻度	MIスコア	率
health	262	5.98033	32.7%	*suicide*	14	1.15123	1.7%
resource	8	4.60240	1.0%	*education*	9	0.84708	1.1%
garbage	42	4.34878	5.2%	*divorce*	10	0.82461	1.2%
pollution	56	3.79399	7.0%	*TV*	12	0.70904	1.5%
family	25	2.78682	3.1%	*school*	10	0.33636	1.2%
environment	15	2.20770	1.9%	life	9	-0.22993	1.1%
money	66	1.71617	8.2%	*smoking*	10	-0.38747	1.2%

　結果として，表2のhealth, pollution, family, money, school, lifeは「名詞problem(s)」の句でproblem(s)に先行し，日本人英語学習者にも母語話者にも同様に高い頻度で使用される傾向を示す。表内でイタリックの名詞はエッセイトピックに影響を受けて使用された語と推測する。その因果関係は表3を参照すれば明らかで，表3のエッセイトピックに含まれる名詞が，「名詞 problem(s)」の句に使用されていることが分かる。

表3. KU BE-Corpusのエッセイトピック（山西・水本・染谷, 2013）

Environmental pollution	Recycling reusable materials
Violence on TV	Money
Young people today	Divorce
Suicide	Death penalty
Sports	Crime
School education	Part-time job
	Smoking

　しかしながら，suicide, education, divorce, TV, smokingは日本人英語学習者が高頻度で使用する「名詞 problem(s)」の句に含む名詞かは疑問が残る。おそらくエッセイトピックを再確認するような文脈で使用されたのであろう。しかし，エッセイトピックにも使用されているpollution, money, schoolは英米母語話者のコーパスでも高頻度の語であったことから日本

第7章　バイリンガルエッセイコーパスに見るproblem(s)とのコロケーションの比喩表現と意味拡張　141

人英語学習者がそのコロケーションを習得した可能性は否定できない。最後に，表内に太字で記した*environment problem(s)はenvironmentalにすべきで，この修正を学習者に指導する必要がある。

　「名詞 problem(s)」の中には母語話者のコーパスと日本人英語学習者のコーパスで同様に頻度が高い傾向はあるが，微妙な違いが見られる。例えば，*health problems, family problems, life problems*などは英米のコーパスではproblemが複数で使用されるのが主であるが，KU BE-Corpusでは単数形と複数形が混在し，単数形problemが占める割合が母語話者のコーパスより著しく大きい。この傾向は英語ほど厳密でない日本語での名詞単複の違いが目標言語への転移となって表出したものと推測できる。他にも母語話者のコーパスでは，*family's problems, life's problems*など所有格の's がproblem(s)に先行する名詞に付随する句が多く見られた。このような抽象的な名詞を所有格で表すかの判断は，日本人英語学習者には難しいかもしれない。更に，*money problems*に関しては英米のコーパスでは*debt problems, financial problems*のように「借金」「金銭的な」の語で基礎的な語彙である「お金」よりも具体的に表し，言語の使用域であるエッセイのレジスターに適した表現が見られる。このように具体的に，そして使用域を意識したコロケーションの使用は学習者が苦手とする項目であり，更なる学習のために指導すべき課題である。

　ここで疑問に上がるのは，「名詞 problem(s)」の句が母語の「名詞 問題」から転移されたコロケーションなのか，もしくは英語学習の過程で習得したものなのかという点である。もちろん，学習者の脳内を観察することは不可能だが，KU BE-Corpusが日英対訳パラレルコーパスである特性を活かし，日本語対訳コーパスを分析すればこの疑問への示唆が得られる。つまり，日本語には無い「名詞 問題」でも「名詞 problem(s)」の句で使用できていれば，それは英語学習で習得したコロケーションであり，独自のproblem(s)の意味拡張とネットワークを構築していると推論

142　第2部【実践・研究編】

できる。表4は左欄に英作文コーパス内の「名詞 problem(s)」を，そして右欄に対訳日本語コーパス内の「名詞 問題」のそれぞれの頻度を表す。そこで顕著な点は，単に「名詞 problem(s)」と「名詞 問題」の句を逐語訳したのではなく，学習者が英語や日本語のそれぞれの文脈や文体に適した句を選択していることが分かる。

表4. 名詞＋problem(s)と名詞＋問題の頻度

名詞 problem(s)	頻度	名詞 問題	頻度	名詞 problem(s)	頻度	名詞 問題	頻度
health	262	健康問題	152	suicide	14	自殺問題	41
resource	8	資源問題	13	education	9	教育問題	19
garbage	42	ごみ・ゴミ問題	93	divorce	10	離婚問題	33
pollution	56	汚染問題	25	TV	12		
family	25	家庭問題	25	school	10	学校問題	4
environment	15	環境問題	611	life	9		
money	66	金銭問題	54	smoking	10	喫煙問題	10

　具体例として，money problem(s)の対訳となる「名詞 問題」の句をあげると，表4にある「金銭問題」（54）意外にも「経済問題」（50）があり，「的」を含めた「金銭的問題」（28）や「経済的問題」（30）などがある。「名詞 問題」の句に続く括弧内の数字はそれぞれの句の頻度を示し，money problem(s)の対訳となる「名詞 問題」の句が多岐に渡ることが明らかである。他にも，形容動詞（な形容詞）を用いて「金銭的な問題」（5）や「経済的な問題」（61）としたり，助詞「の」と共に「お金の問題」（45），「経済上の問題」（5），「金銭面での問題」（7）などもあった。KU BE-Corpusが英作文を書いた後に，日本語対訳文を書く順序でデータ収集を行ったため，少なからず英語と日本語のコロケーションが影響する可能性があり得る。それは，pollution problem(s)に対する「環境汚染問題」（85）や「大気汚染問題」（23）が一般的に使用される句に見えず，日本語ウェブサイトのコーパスであるNINJAL-LWP for TWC（国立国語研究所，2012）では観察できなかったことから，英語を意識した日本語

のコロケーションだと推測できる。しかしながら，データ内大半の「名詞 problem(s)」と「名詞 問題」の句はmoney problem(s)の例に見るよう，英語と日本語の各々に適したコロケーションで構成されていた。これは日本人英語学習者が英語と日本語のコロケーションの違いを意識し，英作文に反映して表現できていることを示す。

3.3 problem(s) 前置詞

KU BE-Corpusのエッセイではproblem(s)の直後に前置詞句が続く傾向が見られた。これはおそらくproblem(s)の内容・対象・関連する人などを即座に説明するためにproblem(s)の直後で前置詞を必要としたのであろう。表5に示された前置詞は機能語のコロケーションの度合を測る指標として使用されるTスコアを基準に並べ，その中でOCDに紹介される前置詞のセルを灰色で表示している。その結果，日本人英語学習者がproblem(s)と共起する前置詞として使用するof, about, for, withは同様に母語話者も使用することが分かる。その使用率は4つの前置詞を合わせれば50%以上となり，日本人英語学習者のproblem(s)と前置詞のコロケーションについてはほぼよく習得されていると判断できる。

表5. problem(s) 前置詞のコロケーション

problem(s) 前	頻度	tスコア	率	problem(s) 前	頻度	tスコア	率
of	675	22.09047	26.0%	between	50	5.42769	1.9%
in	614	21.14963	23.6%	by	71	6.09400	2.7%
about	364	13.32010	14.0%	like	38	5.42769	1.5%
for	206	11.47595	7.9%	on	61	5.02302	2.3%
with	87	7.23486	3.4%	as	59	4.90199	2.3%

その中で興味深いのがinの使用である。なぜ日本人英語学習者はproblem(s)に続く前置詞としてinを好むのであろうか。*problem(s) in*のコンコーダンスラインを調べることで日本人英語学習者が好む句のパター

144 第2部【実践・研究編】

ンが表5に示すように明らかになった。Sinclair（2003）はsemantic prosody
の概念により，語の範囲を超えて句全体が示す意味を説明している。母
語話者の句と同様に，学習者の句にもsemantic prosodyは存在する。この
*problem(s) in*の句は場所や範囲を示す名詞句が続くことで句全体として
問題の範囲の特定している。

表6. *problem(s) in* の使用傾向（参照 Sinclair, 2003, p. 151）

	キーワード	機能語	内容語	
意味プロソディ	問題の範囲を特定			
意味の傾向 （preference）			場所・範囲	
コリゲーション		<u>前置詞</u>	<u>名詞・名詞句</u>	
コロケーション	*problems*	*in*	*Japan*	
			the *this* *one's*	*world* *society* *school* *future*

　OCDが示すよう母語話者はof, about, for, withで範囲の限定をする傾向
があるが，このinを用いる日本人学習者特有の傾向を母語話者の英語か
らのコロケーションの逸脱と判断するのか，それとも日本人英語学習者
の豊かな意味拡張と捉えるのかで学習者への指導は変わるであろう。私
個人は，非母語話者にも使用される英語の発展の形として受容されるこ
とを望む。

おわりに

　研究課題として述べた日本人英語学習者特有の意味拡張ネットワーク

は図1の「形容詞 problem(s)」のネットワークに加え，表2「名詞 problem(s)」と表5「problem(s) 前置詞」からもその傾向が確認された。そのコロケーションから見る比喩的な意味拡張は，単に母語からの影響だけではなく，英語学習を通じて育まれた独自の発展である。

　本研究の目的は英語母語話者が使用するコロケーションと比較し，第二言語学習者である日本人学生のコロケーション使用の狭小さや貧弱さを指摘することではない。むしろ，日本人に好まれる英語でのコロケーションを分析することで日本人英語学習者の比喩表現を記述し，日本人らしい英語を受容した上で更なる上達を促し，未発達の意味拡張の方向性を提示するのが目的である。日本人英語学習者は比喩表現の使用に積極的ではない傾向があるが，発信するための英語の上達には比喩表現の学習は不可欠である。

参考文献

Firth, J. R. (1957). A synopsis of linguistic theory, 1930-1955. In J. R. Firth (Ed.), *Studies in linguistics analysis.* Special volume of the Philological Society (pp. 1–32). Oxford: Blackwell.

Hilpert, M. (2006). Keeping and eye on the data: Metonymies and their pattern. In A. Stefanowitsch & S. T. Gries (Eds.), *Corpus-based approaches to metaphor and metonymy* (pp. 123–152). Berlin: Mouton de Gruyter.

Hunston, S., & Francis, G. (2000). *Pattern grammar*, Amsterdam: John Benjamins Publishers.

国立国語研究所 (2012). 「NINJAL-LWP for TWC」<http://nlt.tsukuba.lagoinst.info/> 2017.6.24

小屋多恵子 (2002). 「日本人学習者の英語コロケーション能力に与える日本語の影響」<https://www.jstage.jst.go.jp/article/japeronso1991/2002/10/2002_10_63/_pdf> 2017.8.8

Lakoff, G., & Johnson, M. (1980). *Metaphor we live by*. Chicago and London: The University of Chicago Press.

Littlemore, J., Krennmayr, T., Turner, J., & Turner, S. (2014). An investigation into metaphor use at different levels of second language writing. *Applied*

Linguistics, 35, 117-144. https://doi.org/10.1093/applin/aml004.

Littlemore, J., & Low, G. (2006). Metaphoric competence, second language learning and communicative language ability. *Applied Linguistics, 27*, 268–294. https://doi.org/10.1093/applin/aml004.

Littlemore, J., & MacArthur, F. (2007). What do learners need to know about the figurative extensions of target language words? A contrastive, corpus-based analysis of *Thread, Hilar, Wing* and *Aletear*. *Cultural Studies Journal of Universitat Jaume I, 5*, 131–149.

Littlemore, J. (2001). Metaphoric competence: A possible language learning strength of learners with a holistic cognitive style? *TESOL Quarterly, 35*, 459–491.

Littlemore, J. (2003). The effect of cultural background on metaphor interpretation. *Metaphor and Symbol, 18*, 273–288.

Moon, R. (2004). On specifying metaphor: An idea and its implementation. *International Journal of Lexicography, 17*, 195–222, https://doi.org/10.1093/ijl/17.2.195

Oxford Dictionary (2009). *Oxford colocations dictionary for students of English.* Oxford: Oxford University Press.

Rundel, M. (2007). *Macmillan English dictionary for advanced learners.* Oxford: Macmillan Education.

Sinclair, J. (2003). *Reading concordances.* Harlow: Pearson Education Limited.

Steen, G., J., Dorst, A. G., Herrmann, J. B., Kaal, A., Krennmayr, T., & Pasma, T. (2010). *A method for linguistic metaphor identification.* John Benjamins Publishing Company.

Stefanowitsch, A., & Gries., S. T. (2006). *Corpus-based approaches to metaphor and metonymy.* Berlin: Mouton de Gruyter.

Stefanowitsch, A. (2006). Corpus-based approaches to metaphor and metonymy. In A. Stefanowitsch & S. T. Gries (Eds.), *Corpus-based approaches to metaphor and metonymy* (pp. 1–16). Berlin: Mouton de Gruyter.

末延岑生 (2010). 『ニホン英語は世界で通じる』平凡社.

山西博之・水本篤・染谷泰正 (2013). 「関西大学バイリンガルエッセイコーパスプロジェクト：その概要と教育研究への応用に関する展望」『関西大学外国語学部紀要』第9号, 117–139.

第8章

自由英作文におけるBecause誤用の分類とその原因の検討

—— 英日パラレルコーパスにおける
英語文と日本語文の比較から[1] ——

石原　知英

はじめに

　日本人英語学習者の自由英作文における典型的な誤りの一つに，Because の断片文がある。これは，*Because I like it. のように，Because に伴う従属節のみで構成される文で，主節が欠落しているという点において誤用とみなすことができる。本論では，筆者が担当する Writing I/II クラスの履修者が書いた自由英作文の中から，この Because の断片文を抽出，分類し，その原因を検討する。バイリンガルエッセイコーパスの利点を生かし，学生が書いた英語エッセイと，それと対になる日本語エッセイを比較し，学生が何をどう書こうとして，どう間違うのかを明らかにすることで，授業実践に還元することを目指した。

1. 先行研究の概観

1.1 日本人英語学習者による自由英作文課題の特徴

　英語母語話者と日本人英語学習者の自由英作文の特徴を比較対照した

研究は，これまでにも多く蓄積されている。小林（2010）では，日本人英語学習者の作文におけるメタ談話標識の使用について，接続詞（特にand, but, so, because）の多用傾向，とりわけ文頭での使用傾向が強いこと，文頭で用いたときに不要なコンマを挿入する誤用が多いこと，BecauseとSoの二重使用が多いこと，Sequencing（first, second など）の多用傾向があること，習熟度が低いほど一人称単数主格のIを過剰使用する傾向があること，Hedge としての法助動詞が母語話者と比べて過少使用であることなどが指摘されている。また阪上（2013）では，I think や It is といった共起表現が多く産出されること，of the や in the などの前置詞句が英語母語話者と比べて十分に使用されていないことなどが指摘されている。

　これら日本人英語学習者が顕著に表出する用法について，藤原（2014）では，(1) 日本語借用（文化関連の名詞の借用），(2) 内容語・名詞句依存（機能語，代名詞抑制），(3) 形式的スタイル（句動詞・縮約形回避），(4) 定型性（定冠詞，同一名詞の反復利用），(5) 社会的義務認識（should/must の多用）の5点としてまとめ，「日本英語」の特徴として捉えている[2]。

1.2 Becauseの使用傾向と誤用

　上述した日本人英語学習者の英作文における様々な特徴のうち，本論では Because に注目することにした。これは，Because が原因や理由を説明するというパタンの意見文での使用頻度が高いと思われることに加え，それ以外のトピックにおいても頻出する語の一つであり，用法に習熟しておきたい項目であると考えたためである。

　日本人英語学習者による Because の用法に焦点を絞った研究として，小林（2009）がある。小林（2009）は，日本人英語学習者（中学生・高校生・大学生）を対象とした既存のコーパスを分析することで，(1) 学

第8章　自由英作文におけるBecause誤用の分類とその原因の検討　149

年が低いほど Because を過剰に使用していること，(2) 文頭での使用が多く，その誤りのほとんどが断片文（*Because I get up late. など主節を持たない形）であること，(3) この誤りは中学生，高校生，大学生の各コーパスで全般的に生起すること，という3点を指摘している。

　さらに小林（2009）は，この Because の断片文を3つのタイプ（表1）に分類し，その生起数についても検討を加えている。その結果，出現する断片文のほとんどが Type A であること，また，中学生，高校生，大学生と学年が上がるにつれて，断片文の総出現数とともに，Type A と Type C の出現頻度が漸次的に低下するのに対し，Type B の出現頻度はそれほど変わらないことが指摘されている。

表1. 小林（2009）によるBecause断片文の3タイプ

Type	Definition	Example
A	単純に主節が脱落した文	*Because it is not late.
B	主節を持たない従属節が等位接続詞によって拡張されている文	*Because I like reading and reading is very good thing.
C	主節を持たない従属節が入れ子になっている文	*Because if we learn English, we could expand our world.

1.3 断片文が生起する原因

　では，なぜ多くの日本人英語学習者はこうした断片文を産出するのだろうか。先に引用した小林（2009）は Because の断片文の生起について，また阪上（2012）は And や But などの接続詞の用法について，(1) 教科書（教材）の影響，(2) 文体の混在，(3) 母語の転移（干渉）という3点を指摘している。

　第一の要因として指摘されるのは，教科書（教材）の影響である。小林（2009）では，4種の中学校英語教科書を調査した結果，Because の出

現数自体がかなり限られていること，また，出現する Because の例のうち，主節を持たない例が全体の55.38%であることが指摘されている。中学校の英語教科書において Because の出現数が少ないことは，用法に習熟するための十分なインプットが得られにくいことを意味する。また，出現する際には，もっぱら Why 疑問文への返答として Because の断片文が多く使われているようである。この口頭のやりとりで許容される Because の用法が定着することが，英作文における断片文の表出に繋がっていると考えることができる。

　第二の要因として挙げられている文体の混在について，阪上（2012）では，主に話し言葉の影響について議論している。具体的には，文語体と口語体の違いに対する意識を持たない学習者が，口語体に頻出する And や But を文語体で表現すべき作文課題でも多用しているのではないかとの見解が示されている。この考察を敷衍すれば，Because についても同様に，口語体で頻出し，許容される Because の断片文を，過剰般化し，作文課題などの文語体で表現すべき場面で多用しているとみることができる。

　最後に，母語の転移（干渉）の影響が挙げられている。これは，日本語で許容される「なぜなら〜だ」という形の影響を受けて Because の断片文を産出している（小林, 2009）という解釈である。ただし，阪上（2012）の調査では，日本語コーパスでは文頭に出現する頻度の高い「そして」（70.9%）と「しかし」（91.5%）が，学習者コーパスの英語表現ではそれほど多くない（and: 10.2%, but: 44.0%）という結果が示されている。これは，日本語で「そして」や「しかし」が文頭に出現するほどに，日本人学習者の英語で And や But は文頭にこないということであり，母語の転移（干渉）の影響は限定的とみることができる。おそらく母語の転移（干渉）の程度は，言語項目によっても，また学習者の習熟度によっても異なるのであろう。

2. 方法

2.1 研究課題

　本論では，調査協力者らによる Because の誤りにはどのような種類があるか（RQ 1），Because の断片文に対応する日本語文にはどのような種類があるか（RQ 2）の2点を研究課題とする。

　第一の研究課題については，小林（2009）を下敷きとして，筆者の担当するクラスの学生が書いた自由英作文から Because の生起頻度，とりわけ断片文の生起頻度に注目した分析を行い，その生起頻度が小林（2009）の結果と整合性のあるものか確認する。

　第二の研究課題については，生起した Because の断片文に対応する箇所の日本語文を集計し，類型化する。そのうえで，同一人物が書いた英語エッセイと日本語エッセイを比較し，学習者がどういうことを書こうとした時に Because の断片文が生じやすいかという点について，母語の転移（干渉）の観点からの検討を行う。これは，何をどう書こうとして，断片文が産出されるのかを，英日パラレルコーパスを利用して探るということである。こうした分析を通して，書くことにおける指導のあり方についての示唆を得る。

2.2 協力者

　データは，2014年度に筆者が担当した Writing I/II の授業と連動して収集した。このクラスは，筆者の勤務する大学の共通教育科目（2年生以降に履修できる選択科目の1つ）として位置づけられており，学部を問わず自由に履修できるものであった。

　履修者は，様々な学部（法学部・経済学部・経営学部・国際コミュニケーション学部・現代中国学部）に所属する2年生から4年生までの36名で，TOEICの平均スコアが470.19（$n = 27$, $SD = 118.10$, Max = 760, Min =

295; 9名は申告なし）であった。なお，初回の授業で，すべての学生に
対して，データ収集の方法と趣旨等を口頭および文書で説明し，データ
提供にかかる了承を得た。

2.3 授業実践とデータの収集

この Writing I/II の授業では，様々なパラグラフの構成や展開方法に
習熟することを主たる目標に定め，2週間を1つのサイクルとして，1週目
に初稿を，2週目に修正稿を書いた。初稿，修正稿ともに，執筆は Microsoft
Word® を使用した。

1週目の授業では，取り扱うパラグラフ構成（例えば出来事を時系列に
説明する，根拠を伴う意見文を書く，比較対照して共通点と相違点を述
べる，など）の特徴を理解するとともに，モデルエッセイの読解を通し
て，典型的な展開方法や表現を身につけた。その後，それぞれにトピッ
クを定め，おおよそ1時間をかけて，4段落・300語程度を目安に，辞書等
を使用せずに執筆をすすめた。授業時間内で書き終わらない学生には，
指定された締め切りまでに提出するように指示した。また，家庭学習と
して，30分程度を目安に日本語で同じ内容のエッセイを作成し，提出す
るとともに，クラスメイトの書いたエッセイを3つ読み，それぞれに対し
て英語で3文以上のコメント（感想）をつけるという課題を与えた。提出
は KU BE-Corpus のサイトと Moodle のフォーラム機能を併用した。

2週目の授業では，教師によるフィードバックと学生同士のピアフィー
ドバックをもとに，それぞれの初稿を改訂することを行った。教師によ
るフィードバックには，Word の校閲機能を利用し，授業時間にコメン
トが記入された Word ファイルを返却することにより行った。コメント
は，それぞれのエッセイの前半2段落を中心に，語の用法や文法などの語
学的かつ局所的な観点と，内容や構成にかかわる大局的な観点の両方を
含むように配慮しながら行った。教師が具体的な修正案を示した箇所も

あるが，分かりにくい箇所に「？」を付すだけに留めたり，修正の方向性（前後の文の繋がりが不適切である，など）を示すに留めたりした箇所もある。学生同士のピアフィードバックは，毎回ペアを変えながら，授業時間内に実施した。その際には，内容および構成についての大局的なコメントと加筆できる内容のアイデアをそれぞれ1つ指摘するとともに，主にエッセイ後半の2段落を中心に，語句の用法などの正確さを向上させるための具体的な修正案を10か所以上指摘するように指導した。この間，辞書やウェブサイトなどを利用したり，机間巡視を行う教師に尋ねたりすることが可能であった。ペアごとにコメントシートを交換し，相談する時間を設けた後，各自で修正稿を執筆した。1週目と同様に，授業時間内で完成できない場合には，指定された期日までに提出するよう指示するとともに，日本語版の提出と，Moodle のフォーラム機能を用いた相互コメントのやりとりを家庭学習とした。

　本論で分析の対象とするデータは，1年間の授業を通して集めた様々なトピックによる243本の「初稿」エッセイ（word tokens 71,102語, word types 4,768語）と，対になる日本語エッセイである。英語エッセイの平均総語数は292.60語（*SD* = 59.19, Max = 460, Min = 154）であった。

2.4 データの分析

　分析に際しては，まず，Because が生起するすべての箇所を一文単位で切り出し，筆者が手作業で分類した。分類には，小林（2009）を参考に，断片文3種（Type A: 単純に主節が脱落した文，Type B: 主節を持たない従属節が等位接続詞によって拡張されている文，Type C: 主節を持たない従属節が入れ子になっている文）とその他の誤り，正しい用法の5つとした（RQ1）。

　その後，誤りの箇所について，日本語エッセイで対応する箇所を目視で抽出し，その形式を分類した。その際には，一文レベルの対応にとど

154　第2部【実践・研究編】

まらず，前後の関係等も考慮に入れながら，対応する部分を抽出した（RQ
2）。

3. 結果と考察

3.1 Because誤用の分類と生起頻度

　本研究で収集されたデータにおいて，Because は305回（10万語あたり
に換算すると428.96回，以下括弧内の数値はすべて10万語あたりの標準
化頻度）出現した。そのうち正しいと判断できた用法は253回（355.83），
誤りは52回（73.13）であった。誤りの内訳は，Type A が37回（52.04），
Type B が2回（2.81），Type C が2回（2.81），その他[3]が11回（15.47）で
あった。

　この結果を小林（2009）の調査と比較したものが表2である。

表2. 本調査で出現した Because の類型と小林（2009）との比較

			（内訳）			
	出現数	誤用	Type A	Type B	Type C	その他
本調査	428.96	73.13	52.04	2.81	2.81	15.47
中学生	613.69	443.31	389.15	17.95	36.21	--
高校生	537.31	267.85	222.08	22.88	22.88	--
大学生	308.06	107.23	85.90	15.40	5.92	--

注. すべての数値は10万語あたりの標準化頻度

　本調査で収集したデータにおける Because の総出現頻度は，小林（2009）
の調査における大学生と高校生の間に位置づけられる。本調査の対象とな
る学生の TOEIC のスコアや授業を担当している実感としても，ある程度
妥当な印象である。また，断片文のタイプ別にみた割合，Type A が顕著

に多いという点でも，小林（2009）のデータと整合性がある。

　一方，総出現数に対する誤用の頻度（Type A，B，C，その他の合計）は，小林の調査では，高校で49.85%，大学で34.81%であるのに対し，本調査では17.05% である。総出現数に対して断片文の生起頻度が低い（つまり Because を正しく用いることができている）という点は，注目に値する。本調査では，1年間の授業を通して収集した通時的なデータを扱っているために，教師あるいはピアによるコメントの中で，Because の用法について学習している可能性がある。そして，一度理解した後は，あまり間違わないということを示唆している。白井（2008）では，他の誤り（属格-'sの用法，3人称単数現在形の-s，動詞の過去形）に比べて，Because の用法についての誤りの明示的な指導（否定証拠）の定着がよいという指摘がなされている。この点は，個々の学習者の変化に着目したより詳細な検討が必要となる。今後の課題としたい。

3.2 日本語文の分類と生起頻度

　本調査のデータのうち，断片文が生起していた41か所について，対応する日本語エッセイの当該個所を分類した結果が表3である。あわせて具体的な事例を英文と日本語文が対照できる形で抜粋する。なお，抜粋は，学生の書いた英文および日本語文のままである（下線は筆者による）。

　表3に示すように，これらの中で相対的に頻度が高いのは，「なぜなら〜だからです」という日本語文であった。これを例1（1a）に示す。また，この本語文の文頭にある「なぜなら」が省略された「〜だからです」という形（1b）も同様に，断片文になりやすいようであった。この2つは，Because を日本語の「なぜなら」の意味に対応させ，あたかも独立した副詞句のように用いていると見ることができる。この接続詞と副詞句の混同は，阪上（2012）が指摘する，日本語コーパスで文頭に出現する頻度の高い「そして」や「しかし」と同様の用法である。

156　第2部【実践・研究編】

表3. 断片文に対応する日本語文の類型と出現頻度

日本語文の類型	頻度	例
なぜなら 　〜だからです	20	なぜなら，喫煙は健康に悪い影響を及ぼすからだ。 *Because smoking causes bad health.
〜だからです	7	将来やりたくないことをする必要がないと思うからです。 *Because I think we don't have to do thing that we like in the future.
〜ので〜です	4	子供の肺はとても弱いのでタバコの煙は大きな害を与えます。 *Because children's lang is very weak. So smoke give children many harm.
理由は〜です	3	理由は，大学生にとってとてもお金が高いからです。 *Because it needs a lot of money.
その他	7	だから，生徒の未来は勉強によって左右される *Because future of studens are changed by courage students study something.

　「理由は〜です」の形（1c）も，本来「〜が理由です」というところを主題化させたとみなすことができるが，その部分を文頭に独立させるという点で，この「なぜなら」の形に近い。

　これらの日本語文では，英語の文の要素と同様に，帰結の内容を含む主節を，理由の内容を含む従属節に先行させるように書くことができる。そのため，英語から日本語への（またその逆の）転換がしやすい形式であると考えられる。一方で，この英文を自然な日本語文にしようと思うと，「なぜなら」の前で一度文を区切る必要が生じるため，断片文になりやすい形式であるとも考えられる。

第8章　自由英作文におけるBecause誤用の分類とその原因の検討　157

（1d）の例は，このパタンで正しい用法が出現した例である。このように主節が短く，平易な内容の場合，日本語の「なぜなら」をあまり意識せずに英語を書くことができるのかもしれない。

例1:「なぜなら」と Because を対応させる例

(1a) 今日，多くの人が喫煙のマナーに注目している。なぜなら，喫煙は健康に悪い影響を及ぼすからだ。

*Today, many people focus on the manner of smoking. <u>Because</u> smoking causes bad health.

(1b) 卒業した後，僕は自由に暮らしたいです。将来やりたくないことをする必要がないと思うからです。

*After guraduation, I want to live free. <u>Because</u> I think we don't have to do thing that we like in the future.

(1c) しかし私は一緒に行ってくれる友達を見つけることができませんでした。理由は，大学生にとってとてもお金が高いからです。

*But I couldn't found with friend. <u>Because</u> it needs a lot of money.

(1d) 私はチアダンスが大好きでした。なぜならとっても楽しいから！

I like cheer dance <u>because</u> the dance is so wonderful!

例2の抜粋で示すのは，英語と同様に複文の構造を取る日本語文「〜ので〜です」の場合である。このパタンは，先の例1のように文を区切る必要がないために，比較的断片文が産出されにくいようであった(2a, 2b)。

158　第2部【実践・研究編】

例2：情報の提示順序を入れ替えて「ので」でつなぐ例

(2a) 私は技術やビジネスの歴史が好きな<u>ので</u>この題を選択した。

I chose this topic <u>because</u> I like the history of the technology and business.

(2b) ハワイの人は親切な<u>ので</u>すぐに友達になれます。

You can make friends easily, <u>because</u> hawaii people is really friendly.

　これらの例では，理由（従属節）と帰結（主節）のいずれを先行させるかという点で，日本語文と英語文の構造が異なる。日本語文では，理由を表す従属節が帰結を表す主節に先行する「（理由）なので（帰結）」という構造を取りやすいため，帰結が先行する英語文と要素の提示順序を入れ替える必要が生じる。このとき，日本語文の発想順に英語を書こうとすると，例3の抜粋に示すように，Because の節を文頭に置くことになる。

例3：Becauseを文頭に置いて「ので」でつなぐ例

(3a) ディズニーは客にまた来てほしい<u>ので</u>イベントは随時変わります。

<u>Because</u> Disney want people to come again and again, they held various event.

(3b) 子供の肺はとても弱い<u>ので</u>タバコの煙は大きな害を与えます。

*<u>Because</u> children's lang is very weak. So smoke give children many harm.

この構造は今回のデータでは事例が少ないが，おそらく文が長くなったり，語彙や内容が複雑になったりする場合に，断片文が産出しやすいと思われる。とりわけ（3b）の例のような，Because と So の併用が見られやすいのではないかと考えられる。

おわりに

本論では，学習者の英作文における Because の断片文について，英日パラレルコーパスを用いた検討を行った。その結果，小林（2009）の結果と同様，文頭の断片文となる誤りが多く，またその中でも Type A の誤用が顕著に多いようであった。また，その誘因として，「なぜなら，〜だからです」のように Because を副詞句のように扱う日本語文の影響と，「〜ので〜です」のように理由を表す従属節が帰結を表す主節に先行する構造を取りやすい日本語の発想があることが推察された。今後はこうした結果を踏まえて，いかに正しい用法を定着させていくかという点に検討の余地があるだろう。とりわけ，否定証拠を与えることで比較的容易に定着しうるという可能性は，今後の実証が期待される。

また，今回の分析では，Because の断片文という形式的な誤りについて焦点を当てたが，それ以外に，内容的に適切でない（理由になっていない）文が散見された。自由英作文の指導においては，正確な英語表現の習熟に努めるとともに，表現する内容や考察の深め方や，論の展開方法についても，必要に応じて指導をすべきである。その際には，Because が正しく使えているかという点に合わせて，そもそも書こうとする内容が意味的に適切であるかについても，検討・指導する必要があるかもしれない。

注

1. 本論は，2016年8月に開催された全国英語教育学会第42回埼玉研究大会で口頭発表した内容をもとに加筆修正を加えたものである。

2. ただし藤原（2014）は，日本人学習者が使う英語の特徴が，必ずしもコミュニケーションにおける問題となるわけではなく，流暢性・正確性・適切性・複雑性・結束性などの指標はあってしかるべきだが，英語母語話者の言語使用は必ずしも「規準」「規範」「模範」にはならないと指摘している。昨今の世界的な英語の使用状況に鑑みると，これは十分に留意すべき指摘である。

3. その他には，「because of ＋文」や「主節＋because 名詞句」などの形が含まれる。綴りの誤りは考慮していない。

参考文献

小林雄一郎 (2009).「日本人英語学習者の英作文におけるbecauseの誤用分析」『関東甲信越英語教育学会紀要』23, 11–21.

小林雄一郎 (2010).「テキストマイニングによる学習者作文における談話能力の測定と評価」『STEP BULLETIN』22, 14–29.

阪上辰也 (2012).「日本人英語学習者による接続詞の使用における母語の影響—英語学習者コーパスと日本語コーパスの比較から—」笹原健・野瀬昌彦（編）『日本語とX語の対照2 —外国語の眼鏡をとおして見る日本語— 対象言語学若手の会シンポジウム2011発表論文集』(pp. 13–22) 三恵社　所収

阪上辰也 (2013).「日本人英語学習者のエッセイに見られる共起表現の分析」『広島外国語教育研究』16, 159–169.

白畑知彦 (2008).「第5章　第二言語習得研究からの示唆」小寺茂明・吉田晴世（編著）『スペシャリストによる英語教育研究の理論と応用』(pp. 63–78) 松柏社　所収

藤原康弘 (2014).『国際英語としての「日本英語」コーパス研究－日本の英語教育の目標－』ひつじ書房

第9章

バイリンガルエッセイツールを活用した
ライティング教育
――母語を活かした英語力の育成――

阿久津　純恵

はじめに

　本論では，外国語として英語を学ぶ過程において，日本語を母語とする学習者が産出する学習者英語の誤用傾向とその要因を，学習者英語と母語である日本語でのライティングを分析することによって明らかにしようと試みた。英語能力を養成するバイリンガルライティングアプローチの授業実践について報告し，日英学習者コーパス分析を用いた大学英語コースデザインの有用性を考察する。

1. バイリンガルライティング

1.1 外国語教育における母語の使用

　コミュニケーション能力の育成を目指したコミュニカティブアプローチの導入は，外国語教育の目的と効果において，伝統的な文法訳読を中心とした教育方法を批判しただけでなく，外国語教育における母語の使用についても，母語を介さない教育方法を推奨した（Cook, 1998）。しかしながら，実際の英語教育の現場においては，必ずしも英語のみを使用

した直接的教授法が大きな効果をあげているとは言えないのが現状である。グローバル化がすすむ国際社会においては，複数言語の使用が必要である場面は多く，外国語教育における母語の使用についても，その必要性と効果が論じられるようになってきている。特に，ヨーロッパ言語共通参照枠が複言語主義を提唱し，言語運用能力に翻訳・通訳の能力を組み入れて以来（Council of Europe, 2001），さらに外国語学習における母語の役割についても，その意義と有効性が大きく見直される契機となった（Cook, 2010; Witte et al., 2009; Zojer, 2009）。コミュニケーション能力養成のためのライティング教育においても，特に立場を明確にして意見を表明するライティング課題においては，母語の思考力に頼るところが大きく，母語使用の効果を測るためにもバイリンガルライティングは有効なアプローチであるといえる。本論で報告する授業実践においては，日本語と英語の差異を意識するプロセスの重要性を強調し，学生がバイリンガルライティングの意義と効果を意識できるよう指導の方法を検討した。

1.2 日本語作文と英語エッセイ

バイリンガルライティングを用いた英語ライティング教育実践における教育の目的は，日本語母語話者である英語学習者の英語力の向上だけでなく，論理的な思考力の養成にある。特に，英語を主専攻としない学部において，英語ライティングに必要な基礎的英語力が不足している学生の英語教育に際しては，その目的と指導方法に大きな工夫が必要とされている。バイリンガルライティングにおいて，日英のライティング方法の相違を示すことは，ライティング指導において重要なプロセスであり，また，統一した執筆条件の下で課題を課すためには，重要な前提条件でもある。授業実践においては，英語学習者が，起承転結型の日本語作文から，双括型の英語エッセイへの転換を効率よく学習するために，

第9章　バイリンガルエッセイツールを活用したライティング教育　163

サンプル資料を使用して，思考方法・論理展開の違いを意識させる指導をおこなった（Appendix 1）。

1.3 パラグラフライティングからエッセイライティングへ

　随筆調の自由作文に慣れ親しんでいる学習者にとって，立場を明確にして，論理的に説明するという小論の基本的思考方法の練習は重要かつ不可欠な指導である。ライティング課題を課すにあたり，日本語を母語とする大学生の抱える問題点の一つが，自分の意見を論証する訓練を受けていないことであり，文章の論理的展開と根拠を示すアウトラインの作成を経験していないことである。時間制限つきのライティング課題を課す前に，スタンスをとって意見を述べることが可能なトピックを用い，パラグラフライティングの練習とともに，アウトラインの考え方を指導する必要性は大きい。

　バイリンガルエッセイプロジェクトにおいては，20のトピックが準備されていたが，共通トピックである12番と13番を除き，その他のトピックでパラグラフライティングを用いたアウトライン指導を行った（Appendix 2）。例えば，「テレビにおける暴力」や「スポーツ」は，学生にとってもなじみの深いトピックであり，比較的容易な語彙で書くことができるため，論理立てて説明するための練習課題として有効であった。さらに対象を子どもあるいは高齢者と限定することで，学生にとって，より書きやすいトピックとなり，アウトラインの作成という目的を達成するためにも適切であった。パラグラフライティングをベースとしたエッセイライティング指導というプロセスを経ることが，プロセスライティング指導として有効であり，また時間制限つきのライティング課題遂行のためには特に重要な学習プロセスでもあった。

164　第2部【実践・研究編】

2. ライティングデータ収集

2.1 データ収集概要

　本調査では，関東の私立大学で，健康・スポーツ・社会福祉を基盤とする学問を専攻する1年生の学生が対象者である。データ収集は2015年度と2016年度に行われたが，対象者346名全員が，必修科目の総合英語クラス受講生である。英語に苦手意識を感じている学生が多くみられるのが学生の特徴の一つとなっており，入学時のTOEIC IPの結果からも，英語基礎力に問題がある学生が母集団となっていることが分かる（表1）。

表 1. 参加者の英語習熟度（TOEIC IP）

	2015	2016
平均点	321.3	325.5
	(SD 81.9)	(SD 83.0)
最高点	775	660
最低点	130	70

　収集されたライティング課題は，授業シラバスに従い，課題のひとつとして書かれたものである。前述の通り，英語エッセイライティングの教授が一通り終了したあとに出された課題であるため，アカデミックライティングのルールに則り，Introduction，Body，Conclusion によりエッセイが構成されている。

　バイリンガルエッセイプロジェクト共通の執筆概要に基づいて，データ収集は以下の条件に沿って行われた（表 2）。

表 2. データ収集条件

	執筆条件
執筆時間	英語 60 分・日本語 30 分
	＊英語，日本語の順で執筆すること。
トピック	1. Part-time Job　アルバイトについて
プロンプト	Some people seem to believe that college students should be encouraged to have a part time job, while others insist that students should concentrate on studying while in college. Decide your position on this matter and write an essay defending your position.
	2. Smoking 喫煙について
	Some people seem to believe that smoking should be completely banned at all the restaurants in the country, while others insist that smokers' right should also be respected. Decide your position on this matter and write an essay defending your position.
辞書の使用	使用不可
語数	英語 300 ワード以上　　日本語 800 文字以上
	＊4–5 パラグラフ・エッセイ

　上記の条件のもと，授業内で行われたライティング課題において，辞書の制限とともに，学生が安易に頼りがちな機械翻訳などの使用も妨げることができたが，基礎的英語力の問題で，英語と日本語の執筆順番については，厳密に守られなかった様子が観察された。

2.2 収集データ

　2 年間にわたって行われたデータ収集には，合計 11 クラス，346 名の学生が参加した。クラスは英語習熟度別編成となっており，アルファベットにつづく番号が，1 を最上位クラスとしたレベルを示している。ク

ラス別収集データは表3の通りである。

表 3. クラス別収集データ

クラス	学生数	英語エッセイ	延べ語数	異なり語数	標準タイプトークン比	平均センテンス
2015 S1	32	96	12,052	1,384	30.44	12.27
2015 D1	26	52	8,713	1,041	26.91	12.16
2015 H2	35	106	7,097	858	27.09	10.21
2015 C3	34	77	7,460	896	26.64	10.00
2015 D4	30	68	5,935	765	27.35	9.15
2015 D6	29	65	4,029	607	25.90	9.93
2016 S1	32	76	7,922	944	28.12	11.55
2016 H1	30	68	7,155	1,032	31.47	11.67
2016 C2	37	78	7,754	1,016	29.77	11.65
2016 D4	26	58	4,693	756	27.35	11.40
2016 S5	35	77	6,616	896	28.65	12.89

　異なり語数や標準タイプトークンの数値から，英語習熟度別の上位ク
ラスデータと下位クラスデータに若干の相違がみられる。さらに，各エ
ッセイの長さを比較すると，この差がより顕著にあらわれる（図1）。
　授業内で行われたライティングデータ収集において，一定のレベルを
保って執筆条件を統一することは可能であったが，学生の英語力と英語
学習に対するモティベーションの問題で，エッセイの長さについては条
件を厳密化することが困難であった。表4から，上位クラスにおいても，
60分で英文300ワード以上を達成するのは困難であったことがわかる。

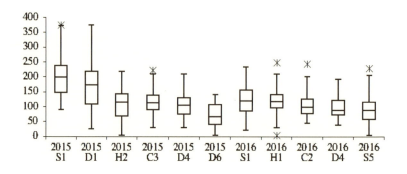

図1. 各エッセイのワード数比較

表4. クラス別エッセイワード数比較

語数	2015 S1	2015 D1	2015 H2	2015 C3	2015 D4	2015 D6	2016 S1	2016 H1	2016 C2	2016 D4	2016 S5
最大	375	375	219	222	211	143	235	247	244	194	229
中央	200	174	116	115	105	66	120	118	100	89	88
最小	91	27	4	31	30	4	23	3	46	39	5
平均	202	172	106	114	107	72	122	121	107	99	92

　下位クラスにおいては，辞書なしでは全く英文が書けない学生も見られる。しかしながら，ワード数は足りないながらも，エッセイの基本的骨格となる文章は書けているケースがほとんどであるため，ライティングの練習を繰り返すことによって，パラグラフからエッセイへの転換が可能になることが予測される。

2.3 コーパス情報

　すべての学習者ライティングは，バイリンガルコーパスプロジェクト専用のライティングシステムで，学習者属性・アンケートコメントとと

もにデータベース化されている。これまでに述べてきた条件の下で収集したコーパス情報は以下の通りである（表5）。

表 5. コーパス情報

学生数	346
英語エッセイ数	821
	(ファーストドラフト659・セカンドドラフト162)
延べ語数（Token）	80,626
異なり語数（Type）	4,189
標準タイプトークン比	28.37
1文あたりの平均語数（SD）	4.46 (SD 2.35)
平均センテンス数（SD）	11.20 (SD 5.87)

　ライティングシステムにスペルチェックの機能が備わっているにもかかわらず，多数のスペルミスが一語としてカウントされている点も収集データ分析に大きく影響している。また，データ収集の対象となった学生の英語力の平均は，英語能力テストTOEIC300点台前半であり（第2.1節参照），語彙の知識とセンテンスを構築する力が著しく低いことが明らかとなっている。

3. ライティングデータ分析

3.1 学習者英語誤用傾向

　学習者の英語エッセイの誤用傾向分析にあたって，2015年度に収集したファーストドラフトのエッセイを，アカデミックライティング指導で使用する一般的なエラー記号表をもとに分析した（Oshima & Hogue, 2007）。2015年度収集のセカンドドラフトについては（第2.3節参照），時

間制限や辞書の使用についての条件がなく，授業時間とシラバスとのバランスで，必ずしも全学生が提出対象となっていないため，エラー分析からは除外した。分析の結果，主なコモンエラーは以下のようにまとめられる（表6）。

表 6. コモンエラー

エラー	例
Art (Article problem)	I think collage students should work ^ part time job.
WP (Wrong Preposition)	If you smoke, you should think *for* another person.
PL (Plural)	Then, you get money, spend it for things to live and *hobby* and you can make your life more better.
MS (Missing subject)	But, ^ gets many things by a part time job.
MW (Missing word)	For the three reasons, I agree with college students ^ ^ part time job.
PN (Pronoun)	• They understand difficulty of working, and they get a chance that they think what *I* should do for parents. • If restaurants completely ban the smoking, *it* will get more benefits.
WF (Wrong form)	• If we can understand the grateful for money, we can understand the *grateful* for parents. • we can learn *social* before became a menber of society.
WC (Word choice)	• smoking *wind* is not good for people. • In the restaurants smoke makes other customer *damage* directly. • others *talk* highschool student should concentrate study.
Frag (Fragment)	Because we can use the much money to go to date with friend.

170　第2部【実践・研究編】

学習者英語に共通してあらわれるエラーについては，数多くの報告が
なされており，今回のエラー分析においても，標準的エラーリストに合
致する誤用や誤用傾向が数多く観察された。

3.2 特徴的誤用傾向

　学習者英語に関しては，母語の影響などの視点からその特徴が論じら
れてきているが，主に母語からの干渉としてさまざまな誤用が論じられ
ることが多い。今回のデータ分析では，学習者の母語ライティングとの
比較による誤用傾向分析を行い，学習者英語において主語と動詞の関係
性に起因している誤用傾向が特徴的であることが認められた（表7）。

表 7. 主語と動詞の関係に関わるエラー

エラー	例
SVA (Subject-Verb-Agreement)	• Smoking *is influenced* people's body. • When people are smoked a lot they can be desease. • It *is disturbed* development of children's brain, and occur lungs deaserts. • How do you feel if *someone start* smoking when you are eating.
WS (Wrong Subject)	• *part-time job can know* about money of our life. • *having a part time job could experience*rial job.
WV (Wrong Verb)	• smoking *occur* some serious desiease. • *a part time job can learn* many things.

　主語と動詞の関係に注目した分析においては，人称と数の一致に関す
る単純なエラーから，受動態と能動態の混同，さらに無生物主語による
不自然な文章まで，主語と動詞の関係性の理解不足に起因すると思われ

る誤用傾向が特徴的であることが明らかとなり，これは，日本語と英語の差異に大きく関わってくる文章構造や態の相違の理解に関わっていると思われる（Makino & Tsutsui, 1986）。

3.3 日本語ライティングからの示唆

　主語と動詞の関係性において，初級の学習者が，受動態・能動態，自動詞・他動詞の区別に問題を抱えていることに注目し，母語の影響を観察するために，コンコーダンスラインを用いて考察した。英語エッセイにおいては，特に"part time job"を主語とした文章に多くの誤用がみられた（図2）。

Concordance Hits 91

Hit	KWIC		
1	r custmer . However , anoher person who have done	part-time job can smile better than . In conclut
2	e students should be a part-time job . First , a	part-time job can larn many things . For example ,
3	have a part time job . It learn For one thing ,	part time job can learn human For another , I ca
4	an For another , I can understand Above all ,	part time job can learn to use money . I understan
5	I understand in the fiture . For these reason ,	part time job can learn human and use money . " "
6	o I have three reasons . First , I think that a	part time job can learn ( ) money oneself . If you
7	ence is useful to save your future . Second , a	part time job can make a money for oneself . Becau
8	joy school life need to earn money . Second , a	part time job can learn social . College students
9	ave a part time job for three reasons . First ,	part time job can study do not in colleage . For e
10	y "" before society . value of money , Second ,	part time job can learn to communication with pers

図2. 英語エッセイにおける"part time job"の使用例

　さらに，同様の文章構造が，日本語の影響によるものであるのかを観察するため，日本語エッセイにおける「アルバイト」を用いた文章についてコンコーダンスラインを用いて比較・分析した（図3）。

日本文初版(↓)日本文本文(↓)"<begin>(↓)<title>アルバイト について</title>(↓)<p 1>(↓)大学生はアルバイトをするよう
title>アルバイトについて</title>(↓)<p 1>(↓)大学生は アルバイト をするようにしなければいけないと信じているように思う人々がいる。実
ればいけないと信じているように思う人々がいる。実際に私は 今 アルバイト をしていて、私の友達の多くもアルバイトをしている。私は3つの理由で
々がいる。実際に私は今アルバイトをしていて、私の友達の多くも アルバイト は大学生にとって必要なことで
ついて、私の友達の多くもアルバイトをしている。私は3つの理由で アルバイト は大学生にとって必要なことであると考える。(↓)<p 2>(↓)始め
生にとって必要なことであると考える。(↓)<p 2>(↓)始めに、 アルバイト は私たちに働くということを教えてくれるとともに仕事や社会についても学
ば、仕事の全体のことやマナーなどである。私は就職をする前に アルバイト とは重要な経験であると感じている。(↓)<p 3>(↓)2つ目
とは重要な経験であると感じている。(↓)<p 3>(↓)2つ目に アルバイト でお金のやりくりについて学ぶことができるからである。大学に入学する
る前はほとんどの人が自分のお金でものを買うという経験がない。 アルバイト をするようになると、自分の稼いだお金で買い物をしたりするようになる
が上手なならないかもしれないと考える。(↓)<p 4>(↓)3つ目に アルバイト ができればお金を借りないで大学に行けるようになるからである。日
：学などから借りることができるが、とても厳しい現状がある。だから アルバイト をすることで大学で勉強ができるようになる人もいるから、必要なこと
ると考える。(↓)<p 5>(↓)結論として、私は大学生にとって アルバイト は必要であると考える。アルバイトは勉強や寝る時間を減らしている
結論として、私は大学生にとってアルバイトは必要であると考える。 アルバイト は勉強や寝る時間を減らしているという人もいる。私は
アルバイトは勉強や寝る時間を減らしているという人もいる。私は アルバイト は仕事やお金について知る良い機会であると考える。大学生にとって
あるから勉強を妨げるべきではない。私は大学生がやりたいときに アルバイト をできるようになることを望んでいる。(↓)<end>(↓)"(↓)<be
しれない。(↓)<end>(↓)"(↓)<begin>(↓)<title>アルバイト について</title>(↓)<p 1>(↓)大学生はアルバイトをするべき

図 3. 日本語エッセイにおける「アルバイト」の使用例

　日本語と英語の「アルバイト」に関わる対応語彙の使用例を比較分析
したところ，学習者英語に特徴的な誤用は，主に日本語では副詞句を用
いて表現している文章において，英文では主語となっているために誤用
が生じている使用例が多くみられた。学習者が，日本語においてアルバ
イトが主語のように文の最初にあらわれる時，実は副詞句を構成してい
るアルバイトを英語では主語として処理しようとするために，多くの誤
用が起こっていると推測される。この誤用傾向分析をもとに，表8のよ
うな修正例を示すことが可能である。

表 8. 頻出表現対応表

	ができれば	If (S) can do a part time job …
	から	From a part time job …
	で	At a part time job …
アルバイト	では・によって	By a part time job …
	をすることで	By doing a part time job …
	をとおして	Through a part time job …
	をすると	Doing a part time job …

コモンエラーについて指摘するのみならず，日本語による主な表現とともに修正例を提示することは，学習者により具体的な指導をする上で有効である。学習者英語の傾向やエラーを，学習の発達段階における一つの特徴やコモンエラーとして提示することで，学習者の心理的負担を軽減するだけでなく，教員にとっても，学習者英語の分析に基づいて的確な指導を行うことが可能になる点において，学習者英語コーパスと母語コーパスを用いたフィードバックは大変有用であり，バイリンガルライティングの教育的効果は高いと思われる。

おわりに

本論では，学習者コーパス分析のみならず，母語コーパス分析を組み合わせることで，学習者英語の誤用傾向とその要因を分析し，その結果を英語教育に活かす有用性について論じた。英語学習者が母語を用いてメモや下書きを作成していることは，大学英語教育の現場で頻繁に目にする行為である。従って，日本語と英語を用いてライティングのプロセスと論理的思考力を指導することは，理にかなった指導方法であるといえる。母語を用いることで，より明確に日本語と英語の差異を意識させる教育を行うことも可能となり，日本語からの直訳や機械翻訳の弊害に気づかせる教育効果も期待できる。

授業実践においては，授業目的の一つに，学生が自身のエッセイを修正することができる能力の育成を掲げており，学生へのフィードバックや授業内で行うエラーコレクションに，標準的なエラー記号を中心とした指導を行うことで，学生の総合的ライティング力養成を目指した。大学英語教育において，より効果的に英語ライティング力を高めるには，日本語話者の書く英語の特徴を考察し，学習者の認識している問題点を分析しながら，具体的な改善方法を示した指導が必要である。日本語と

英語の言語的差異を意識させ，学習者が抱えている問題に対してより具体的な解決方法を提示することが可能であるバイリンガルライティング指導には大きな意義があるといえる。

学習者の自由記述式アンケート調査からは，語彙力についてのコメントが多くみられ，表現したいことをうまく英語で言い表すことができないことに対し，学習者が抱えているフラストレーションが大変高いことが分かる。しかしながら，パラグラフやエッセイの構成をはじめて学んだことに対する肯定的コメントも見られ，ライティングの形式やプロセスを知ることで英語ライティングの上達に達成感を感じている学習者や日本語ライティングへの応用の可能性を感じている学習者も多く窺える。バイリンガルライティングのアプローチは，英語で意見を言い切ることができない学生を日本語ライティングでサポートすることができるのみならず，英語ライティングへの苦手意識の軽減にも有用であったことが考察される。さらに，日本語と英語の差異を意識させるライティング指導が可能となり，英語力のみならず，日本語ライティング力についても有益な学習になったというコメントも多々みられた。

授業実践においては有効であったバイリンガルライティングが，学習者にとっても有意義であることを証明するために，ライティングデータとアンケートをより詳細に分析し，外国語教育における母語の使用にさらなる意義を見いだすことが課題である。また，学習者英語の研究手法として，コーパス言語学の中間言語分析においては，英語母語話者との比較を試みる研究が多く行われているが，英語母語話者の定義や目標とする言語能力については検討の必要もある（Granger, 2015）。日本語母語話者の学習者英語を，英語母語話者の英語と比較する手法と合わせて，学習者の母語との比較・分析をおこなう研究手法の検討も大きな課題である。

参考文献

Cook, G. (1998). Use of translation in language teaching. In M. Baker (Ed.), *Routledge encyclopedia of translation studies* (pp. 277–280). London: Routledge.

Cook, G. (2010). *Translation in language teaching*. Oxford: Oxford University Press.

Council of Europe (2001). *The common European framework of reference for languages: learning, teaching, assessment*. Retrieved December 14, 2017, from http://www.coe.int/t/dg4/linguistic/Source/Framework_EN.pdf

Granger, S. (2015). Contrastive interlanguage analysis: A reappraisal. *International Journal of Learner Corpus Research, 1*(1),7–24.

Makino, S. &Tsutsui, M. (1986). *A dictionary of basic Japanese grammar*. Tokyo: The Japan Times.

Oshima, A. & Hogue, A. (2007). Introduction to academic writing 3rd edition. New York: Pearson Education.

Witte, A. et al. (Eds.). (2009). *Translation in second language learning and teaching*. Oxford: Peter Lang.

Zojer, H. (2009). The methodological potential of translation in second language acquisition. In A. Witte et al. (Ed.), *Translation in second language learning and teaching* (pp. 31–52). Oxford: Peter Lang.

Appendix 1

日本語作文と英語エッセイ

I think money is very important. I'm working part time job of "Okonomiyaki". I work usually hardly part time job. I work part time job about three times for a week.

I'm working part time job and I think money is very important. Working some job is very difficult. I think thank you for my father. My father is working hardly for my family. My family is five people. Father, mother, two sisters and me. Working on my family is only my father. My mother doesn't work part time job. One sister and me are University students. The second sister is high school student. So my father work very hardly job. My family need to big money now. Because my family need to money for children in some things. For example, "travel of high school" and "cost of university of two children". I think my father is very busy.

I work part time job ***** university in the first. I think working is very important. And money is very important, too. It is difficult to take some money.

If my family have a lot of money, my family will be very happy. So I work hardly and take a lot of money for my family.

起	I think money is very important. I'm working part time job of "Okonomiyaki". I work usually hardly part time job. I work part time job about three times for a week.
承	I'm working part time job and I think money is very important. Working some job is very difficult. I think thank you for my father. My father is working hardly for my family. My family is five people. Father, mother, two sisters and me. Working on my family is only my father. My mother doesn't work part time job. One sister and me are University students. The second sister is high school student. So my father work very hardly job. My family need to big money now. Because my family need to money for children in some things. For example, "travel of high school" and "cost of university of two children". I think my father is very busy.
転	I work part time job ***** university in the first. I think working is very important. And money is very important, too. It is difficult to take some money.
結	If my family have a lot of money, my family will be very happy. So I work hardly and take a lot of money for my family.

＊授業配布資料「NICE (Nagoya Interlanguage Corpus of English) 」より抜粋

	英文 （300 words）	和文 （800 文字）
タイトル	Word Processing Skills and College Life	ワープロスキルの習得と学生生活
イントロダクション	Word processing has become one of the most important study skills for Japanese college students today, and you should learn it at the very beginning of your college life.	ワープロによる文書作成は，今日の日本の大学生にとって必須のスタディスキルのひとつであり，大学生活のごく初期の段階で習得すべきものである。
ボディー1	For one thing, learning to use a word processor can save you a lot of time. Instead of laboriously handwriting lengthy assignments, students with word processing skills can produce a neat, clean paper in a fraction of the time. In fact, if you have a typing speed of 50 words a minute or more, you can actually write twice as quickly as those who handwrite their assignments.	ひとつには，ワープロを習得することによって時間を節約することができるという利点がある。長ったらしい課題を苦労して手書きする代わりに，ワープロを使える学生はその時間のほんの一部を費やすだけで，きちんとレイアウトされたきれいなレポートを作成することができる。実際，もし1分当り50 語またはそれ以上のスピードでキーボードを打つことができれば，手書きの場合に較べて2倍も速くレポートを書くことができるのである。

178　第2部【実践・研究編】

ボディー2	For another, being able to use a word processor can also save you a fair amount of money. Nowadays, a professional word processing service would cost about 800 yen per page, and if you have to hand in six or seven 10-page assignments each semester, you may end up paying out up to 112,000 yen an academic year. This is a cost quite prohibitive for most students.	また，自分でワープロを操作することができれば金の節約にもつながるというメリットがある。最近のワープロサービス業者の相場は 1 枚当りおよそ 800 円であり，仮に 10 ページのレポートを 1 学期に 6 つないし 7 つ提出しなければならないとすると，年間では 11 万 2000 円もの出費になってしまう。これは，一般の学生にとって簡単にまかなえる額ではない。
ボディー3	Above all, the biggest payoff of acquiring word processing skills may be that it could increase your chance of getting good grades on your assignments. A well-designed, neatly printed paper gives the professor a much better impression than does a handwritten paper. Chances are you will get a better grade on your assignment if it "looks" professional. Although this may be wishful thinking, one thing for sure is that you will never be punished on this account.	なによりも，ワープロの操作を習得することの最大の見返りは，それによってレポートの評価がよくなる可能性が増すということだろう。上手にデザインされ，きれいにプリントされたレポートは，手書きのレポートに較べてよい印象を教授に与えることができる。外見だけでもその道のプロが書いたように見えるレポートは，おそらく，そうでないものよりもいい評価をもらえる可能性がある。そう期待するのはいささか甘いとしても，みてくれのよいレポートを書いたからといって減点されることだけはないだろう。

第9章　バイリンガルエッセイツールを活用したライティング教育　179

コンクルージョン	For all these reasons, you would do well to acquire word processing skills at the earliest possible stage of your college life. This will not only ensure your success as a student, but also help you enjoy your college life by making it possible to put to better use your precious time and money which would otherwise be wasted.	こうした理由から，できるだけ学生生活の初期のうちにワープロの技術を習得しておくことが賢明であることは明らかである。そうすれば，学生としての本分もより良くまっとうできるだろうし，無駄に費やされたかもしれない時間とお金を有効に活用することで，学生生活をいっそうエンジョイすることができるようになるだろう。

＊授業配布資料「パラグラフライティングの技法とエッセイの構成法」より抜粋 (出典「ライティングマラソン」第4巻第15週テキスト (pp.121-176)。染谷泰正／アルク 1986 (v1), 1994 (v2))

Appendix 2
バイリンガルエッセイ用トピック

No.	トピック
1.	Environmental Pollution | 環境汚染について
2.	Violence on TV | テレビにおける暴力について
3.	Young people today | 最近の若者について思うこと
4.	Suicide | 自殺について
5.	Sports | スポーツについて
6.	School Education | 学校教育について
7.	Recycling reusable materials | 資源の再利用について
8.	Money | お金について
9.	Divorce | 離婚について
10.	Death Penalty | 死刑について
11.	Crime | 犯罪について
12.	*Part-time Job* | *アルバイトについて*＊
13.	*Smoking* | *喫煙について*＊
14.	Change in Your School | 学校で私が変えたいことについて
15.	Films | 外国について映画から学んだこと
16.	Improve Your Community | 地域をよくするために私がしたいこと
17.	Living Longer | 人はなぜ昔より長生きをするようになったのか
18.	Resource Disappearing | 失われつつある自然資源
19.	Group Member of Leader | グループのメンバーとリーダー：どちらがいいか？
20.	Young People Teaching Older People | 若者は年長者の「教師」たりえるか？

＊12番・13番：バイリンガルエッセイプロジェクト共通トピック

第9章　バイリンガルエッセイツールを活用したライティング教育　181

第10章

学生の書く英語論証文の論理構造を探る
——分析的枠組みの援用・開発を目指して——

山下 美朋

はじめに

　平成 25 年から全面実施された新学習指導要領に英語科教育の指針として「論理的思考力・表現力の育成」が盛り込まれ，ライティング指導において論理的な英文を書かせる必要性が高まっている（達川, 2013）。しかし，英語 4 技能の中でも英作文が最も苦手とする学生が多いとされ，保田・大井・板津 (2014) は，教師の指導においても高校までは「文法・語彙使用の正確性」を高める指導が中心で「論理・内容」など論理的な英文を書く指導はいまだに少ないと報告している。この流れの中で筆者は英文の論理的側面を分析する「枠組み」，しかも研究者や教育者のみならず学生もが自分の英文を分析できる「分析的枠組み」の開発に取り組んできた（Yamashita, 2015）。本論ではその枠組みの一部を使用し，日本人大学生の英語論証文に特徴的な論理構造・展開パターンを明らかにすることで，その有用性を検証する。まず本研究の理論的背景について次項で述べる。

182　第2部【実践・研究編】

1. 研究の背景

1.1 対照修辞学研究 (Contrastive Rhetoric)

Kaplan (1966) に端を発した一連の対照修辞研究は，論理展開の相違を異なる文化背景に起因すると捉え，日本語の談話構造や，日本人が書いた英文と英語母語話者のそれとの相違を分析する研究も数多くなされてきた。Kaplan (1966) および Hinds (1983) は日本人の論理展開パターンの特徴は「帰納的である（論旨が途中もしくは最後に出現する）」「直線的でない」などとし，「話題や主張は明示的でなく読み手の推量に頼る」と述べている。後に Kaplan のモデルは英語中心主義かつ単純化されたものとして批判され（Zamel, 1997），Hinds の研究も「天声人語」の分析によることから必ずしも一般化できない。しかしこれらの研究がその後の日本人英語学習者の L1 および L2 作文の論理比較研究に大きく影響を与えたことは相違ない。Kubota (1998) は日本人学習者と英語母語話者の作文を比較し，Kobayashi and Rinnert (2008) は使用言語の異なる環境で育った日本人学生の比較やジャンルによる違いを考慮した分析を行った。これまでの研究から，日本人学習者の L2 作文の論理展開や修辞上の問題点は必ずしも学習者の L1 の転移とは断定できず，学習者の「過去に受けた L2 教育」や「L2 習熟度」，「L1 および L2 の作文経験や量」などの他の変数に起因するという考えが主流となっている（Matsuda, 1997）。

1.2 論理の結束性と一貫性 (Cohesion and coherence)

新学習指導要領が掲げている「論理的思考力」とは「相手に伝わるように筋道立てて伝えること」であり，学習者の「談話能力」の伸長を目的とする。「議論が首尾一貫したまとまりのある文章」のためには文と文が適切につながっていなければならないとされ，つまり文章の論理的「結束性・一貫性」に着目することになる。

Halliday and Hasan (1976) の定義を解釈すると,「結束性」は文の結束に必要な文法的, 語彙的なまとまり,「一貫性」は談話におけるまとまり, つまり文の意味上のまとまりと広義にとらえられる。

「結束性」の研究は, Halliday and Hasan (1976) に代表され, 文を結びつける形式的な指標を網羅的に認定するものである。彼らは照応, 代用, 省略, 結合, 語彙的結束の 5 つのタイプを挙げている。一方,「一貫性」の研究は, 文の間に見出される意味の関係を規定するものであり, テクストのまとまり方を構造化することを目的とする。Hobbs (1990) は談話の文節間の一貫性がテクスト全体の構造を作ると考え, Dahlgren (1988) はテクストを分節化し, 階層的な意味構造を作り出すことを目的とし, 一貫性の関係を 20 種類規定した。更に, Mann & Thompson (1988) が提唱した Rhetorical Structure Theory (以下, RST) では, 文を「核」と「衛星」に分け, それらの意味関係を 25 種類規定し, その後 Carlson and Marcu (2001) が 75 種類にまで発展させた。また, 節関係を修辞法にまで発展させた Winter (1982) 及び Hoey (1983) は, 英文構成の論理関係を典型的なパターンに整理し, 問題・解決型, 仮定・現実型, 一般・特殊型を代表的なパターンとして挙げている。

本研究の筆者は, 先行研究の流れを汲みその分析方法を援用することで, 日本人大学生の書く英文テクスト (論証文) に見られる論理構造や論理展開を明らかにする「分析的枠組み」, 並びに大量コーパスの論理分析を可能にするプログラム化のための「分析的枠組み」の開発に取り組んできた。枠組みとして着目したのは, 1) パラグラフの構成要素, 2) 談話の中心となる語彙の結束性, 3) Metadiscourse Markers (Hyland, 2005) の使用, 4) RST による文の意味関係である (Yamashita, 2015)。本論はこのうちの 1) と 4) の 2 つの枠組み (詳しくは第 2.3 節参照) を使用してその有用性を検証しつつ, 日本人大学生の英語論証文の論理構造の特徴を数量的, 質的に提示することを目指すものである。

2. 研究

2.1 研究の目的

　論理構造・論理展開を分析するための 2 つの枠組み（3.3 節参照）を用いて，日本人大学生の英語論証文の論理的特徴を明らかにする。またそれらの特徴に影響を及ぼす要因を考察する。

2.2 データと収集方法

　対象としたデータは，2013 年に「関西大学バイリンガルエッセイコーパス」（山西・水本・染谷, 2013）の下で収集された英語論証文である。このプログラムでは年間を通じ，学生は 13 トピックの下で英日両方の論証文を授業内に書いた。英文は 60 分間（最初の 5 分はアウトライン）で作成し，辞書は使用不可であった。今回収集した論証文のタスクは以下の通りであり，Topic A は前期 13 回目，Topic B は後期 14 回目に作成された。

　Do you agree or disagree with the following statement?

　Topic A: "College students should have a part-time job while in college."

　Topic B: "Smoking should be banned in public places in the country."

今回対象とした学生のうち G1 と G2 は外国語学部の 3 年生で，習熟度の違いを考慮して留学前に受験した TOEFL PBT の 523 点 [1] 以上が G1（平均 555.1 点），523 点以下が G2（平均 494.3 点）である。LW は法学部に所属する 2 年生で TOEIC 平均 420 点（≒TOEFL443 点）であり，プレースメントテストで当該大学の学生全体の平均得点を示しており，ほぼ日本の平均的な大学生を代表していると言えよう。しかし，学生が受けた英語教育は大きく異なり，前者 2 グループは 2 年次に全員が学内の

海外留学プログラムを一年間経験しており，ほぼ全員が集中的に英文ライティングの指導を受けている。一方，LW の学生は留学の経験はなくこれまでに英作文の特別な指導は受けていない。いずれの学生も当該の授業で英文ライティングの指導を初めて受け，自分のエッセイを，文法，語彙，論理の側面から分析・修正できるよう練習した。表 1 は今回対象としたデータの詳細である。

表 1. 参加学生及びエッセイデータの詳細

	G1	G2	LW
参加学生数	10	10	9
（属性1）留学経験	○	○	×
（属性2）英文ライティグ の学習経験	○	○	×
（属性3）TOEFLの点数	555.1	494.3	443
エッセイの数	20	20	18
総語数	7,703	6,599	4,329
文数	452	393	321

2.3 分析枠組みと分析手順

　本研究では筆者が論理構造・論理展開の分析のために援用・開発に取り組んできた分析的枠組み（Yamashita, 2015）のうち特に論理の表層的な構造や流れを把握するのに最も適すると思われる枠組みを用いた。一つめは，Structural-Functional Analysis であり，エッセイの構成と各パラグラフに必要とされる構造的要素の有無を分析する。エッセイには適切な構成要素があるとされ（Oshima & Hougue, 2006），典型的なエッセイの構造では導入部，展開部，結論部があり，それぞれがまとまったパラグラフを構成する。またその下位構造である各パラグラフにも必要な構成要素（表 2）がある。これらの構成要素の有無及びその配列により学生の英語論証文がどのような構造になっているかを分析する。更に，各パラグラフの文要素の配列を見ることで論理の流れを見る。学生には授業

186　第2部【実践・研究編】

第一回目にこの構造を説明しており，以後適宜その重要性について復習した。

表 2. パラグラフの構成要素[2]

Introduction 導入部	Introductory sentences (INT): 導入文
	Thesis statement (THS): 大主題 - エッセイ全体の主題、論題、命題
	Organizer (ORG): 方向付け - エッセイの論題を述べる順序を提示
Body 展開部	Topic sentence (TS): 小主題 - パラグラフの主題、論題、命題
	Supporting sentences (SS): 支持文 - 主題の敷衍・解説・例証など
	Extensions (EX): 展開文 - 指示文の具体的説明
	Concluding sentence (CS): 結論文 - パラグラフ内の論旨のまとめ
	Transition (TRS): 移行文 - 次パラグラフへの論の移行文
Conclusion 結論部	Restatement of thesis statement (RTHS): 大主題の繰り返し
	Ending sentence or Kicker (KK): 結文 - エッセイ全体のまとめ・将来への提案など

分析の二つめは，RSTの提示する意味関係を改変した論理タグリストを使用し，文の意味上のつながりを分析した。図1は分析の一例である。S1とS2の2つの文の関係を示しているが，S1に対してS2は"根拠"の関係と捉えられ，文間の論理関係を，タグの並びと論理の方向を示す矢印で視覚的に示す。

SS1-SS2 根拠	S1: Jogging is not as easy as it appears. S2: Ninety-seven percent of people cannot jog three miles without stopping.

図1. S1とS2のRSTによる関係

本研究では，現在75にも及ぶRSTの修辞関係タグ（Carlson & Marcu, 2001）を30（Appendix 参照）にまでに厳選し，またHoey (1983) に倣い，複雑かつ主観的になりがちなRST分析を，節ではなく文を分析単位とすることで談話として論の流れを捉えた。具体的には先の構造分析で明らかになったパラグラフの構成要素間の論理関係を分析した。

分析は筆者と高校教師の日本人と大学教員のアメリカ人計 3 名で行い，まず全ての文に対し THS，TS などの構成要素のタグ（表 2，以降「構造タグ」）を付け，その後，全ての構成要素間に対し，論理関係タグリスト（Appendix）に基づいて「論理タグ」を付与した[3]。タグは各々が単独で手作業にて付与し，タグが相違する場合は合意に至るまで話し合った。各パラグラフの特徴を見るために注目したのは，1) 構造タグの割合，2) 構造タグの特徴的な並びとその類型の割合，3) 論理タグの割合である。また大学教員のアメリカ人 2 名に全てのエッセイの評価をしてもらった。ESL Composition Profile (Jacobs et al., 1981) を改変した評価表に基づき，5 項目（語彙，文法，内容，構成と論理展開，読み手への説得力）をそれぞれ 12 段階で評価してもらった。その上で全 5 項目の合計点を総合評価とした（表 3）。

3. 分析結果と考察

3.1 評価結果

　表 3 は英語母語話者 2 名による評価結果である。5 項目のうち「構成と論理展開」と「総合評価」のみ記載した。二人の評価に相関性が見られたため（Cronbach α = .90）表の数値は二人の平均値である。表 3 からグループ間の相違が明らかになった（「構成と論理展開」Topic A: $p < .001$, η^2 = .53, Topic B: $p < .001$, η^2 = .45;「総合評価」Topic A: $p < .001$, η^2 = .56, Topic B: $p < .001$, η^2 = .50）。G1 は，G2 よりもいずれも高い評価を得たが，Tukey b を用いた多重比較の結果，双方に有意な差はなかった。一方，LW は G1，G2 に対して両トピック，両項目とも有意に低いことが分かった（df = 28, $p < .01$）。この結果から，G1/2 と LW の間の作文の質が大きく異なることが伺える。また 13 回目の Topic B の方が良くなっていることが想定されたが，各グループのトピックによる有意な差は出ず，授業で

の学習による変化があるとは統計上では言えない。次節では，各パラグラフの特徴を詳述する。

表3. 英語論証文の評価結果

		G1		G2		LW	
		構成・論理	総合評価	構成・論理	総合評価	構成・論理	総合評価
Topic A	平均	8.9	42.1	7.4	36.6	3.8	21.4
	標準偏差	2.2	7.7	2.0	6.5	1.8	5.4
Topic B	平均	8.1	38.7	7.7	37.1	4.2	22.4
	標準偏差	2.4	8.6	1.9	6.4	2.0	8.1

3.2 各パラグラフの特徴

3.2.1 導入部

導入部に含まれる構造タグの割合[4]（図2），構造タグの並びとその類型（表4）および構造タグ間の論理関係（表5，上位5位までを示す）から，G1/2とLWとで異なる導入部の論理構造が明らかになった。G1とG2はトピックに関わらずほぼ100%をINT，THS，ORGが占め，構造タグの並びからエッセイの方向性を示すORGが最後にあるPattern 1か，主題文に含まれるPattern 2の論理展開が見られ（1と2の合計：G1:80.0%，G2:75.0%）G1/2の間に有意な差はない。またORGの機能的役割に対応する論理関係タグ"構成・方向付け"が，表5のG1/2でいずれも5位までに位置し，導入部でのその後の議論の方向を示すことが重視されているのが推察される。ORGは典型的には導入部の最後に置かれ，例えばI think the experience of part-time job help them in terms of <u>enhancing communication skills</u>, <u>having proper manners</u>, and <u>having a good chance to think of their own future</u>.の下線部（下線は筆者による）にあるように展開部で話題にするキーワードを列挙している場合が多い。

第10章　学生の書く英語論証文の論理構造を探る　189

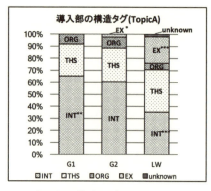
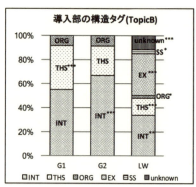

図2. 導入部の構造タグの割合

表4. 導入部の構造タグの並びと類型 (単位%)

	Pattern		G1	G2	LW
1	INT$^{1-4}$-THS-ORG	:パラグラフの最後にTHS, ORGがある	7 (35.0)	7 (35.0)	2 (11.1)
2	INT$^{1-4}$-THS (ORGを含む)	:パラグラフの最後にTHSがあり、ORGはTHSに含まれる	9 (45.0)	8 (40.0)	1 (5.6)
3	INT$^{1-4}$(-TRS)-THS	:パラグラフの最後にTHSがある	3 (15.0)	2 (10.0)	5 (27.8)
4	THS(-SS$^{1-4}$/EX/ORG)	:パラグラフの最初にTHSがある	1 (5.0)	2 (10.0)	8 (44.4)
5	(TS)-INT$^{1-4}$	:THSがない	0	1 (5.0)	2 (11.1)

注. 上付き文字それぞれのタグが出現している数。INT$^{1-4}$ は INT が4まで出現するバリエーションがあると言う意味。4以上の場合は α と示した (例:EX$^{1-α}$)。

表5. 導入部の文間の論理関係

G1			G2			LW		
論理関係	数	割合(%)	論理関係	数	割合(%)	論理関係	数	割合(%)
背景	20	25	背景	25	29	詳述	10	10
理由	9	11	対比・比較	8	9	unknown	9	9
対比・比較	8	10	構成・方向付け	6	7	解釈	9	9
構成・方向付け	7	9	解釈	5	6	影響・結果	7	7
詳述	6	7	詳述	5	6	問題	6	6
全タグ計	81	100	全タグ計	86	100	全タグ計	99	100

注. 表5はタグの上位5位までを示す。全タグ計はすべての出現タグの合計を示す。表7及び表9も同じ。

図3-1は構造タグの並びでG1の導入部の論理の流れを表した一例だが,

一般的な喫煙に対する背景（INT[1]）と，両者異なる主張つまり全面禁煙を主張する意見（INT[2]）と喫煙を擁護する意見（INT[3]）が“対比”の関係となってともに筆者の意見（THS）へ焦点化していく論理の流れを矢印で表している。Some～. Others～の流れが“対比”を特徴づけている。

1	論理関係	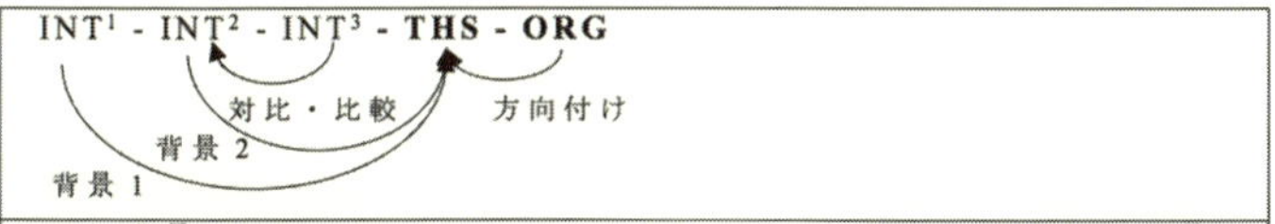
	テクスト	(INT[1]: 背景 1)* Smoking is a controversial problem in the world. (INT[2]: 背景 2) Some people say that smoking should be banned at all the restaurants completely. (INT[3]: 対比) Others believe that smokers' right should be respected. (**THS**) I personally believe that all the restaurants should ban smoking. (**ORG**:方向付け) In this essay, I would like to explain the reasons by focusing on bad impacts of smoking. [G1-6:TopicB]（下線は筆者による）
2	論理関係	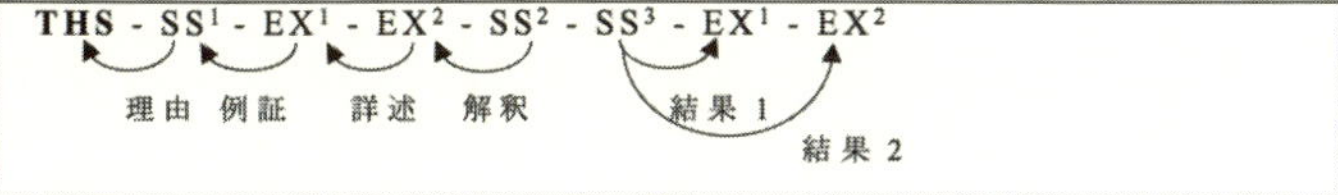
	テクスト	(THS) I' m in the position that smoking be completely banned at all the public places. (SS[1]:理由) Smoking only give human's body bad effect such as lung cancer. (EX[1]:例証) Nicotine, the material which is contained in tobacco, is more toxic than heroin. (EX[2]:詳述) People who smoke tobacco on daily basis have a tendency fell into nicotine dependence syndrome～(SS[2]) (SS[3]) (EX[1]) You would need a lot of money to buy (本文省略)～[LW-4: Topic B]

注：矢印は論理関係が及ぶ方向を示す。上付きの番号は出現の順番。(　)内は構成要素：論理関係である。

図 3. 導入部の例（1-G1，2-LW）

一方 LW は両トピックに既に EX が存在している（図 2 の LW のグラフ参照）。Topic B に至っては INT，THS，ORG の合計が 47.5%であるのに対し，SS と EX の割合が全体の約 35.9%を占め，導入部でありながら既に議論が具体化している様子が伺える。このことは，表 4 に見られるとおり LW では THS を第 1 文に置き，SS，EX，ORG などが続く Pattern 4 の数が G1/2 に対して有意に高く（$p < .01$, Cramer's $V = .34$），また表 5 から“詳述”と“解釈”の論理関係が合計 20% 近くにのぼることにも繋がる。図 3-2 の例では，THS がパラグラフの最初にあり，支持文（SS）以降にタバコの害が引き起こす問題が展開しているが，本来は展開部で議

論すべき内容である。LW では G1/2 と比べて ORG がほとんど存在せず展開部への議論の方向付けがなされていない。また特定のタグが付与できない unknown タグの割合が構造タグ(特に Topic B)及び論理タグでもそれぞれおよそ 10%前後あり，G1/2 に対して有意であり（$p < .001$, Cramer's $V = .39$）論理関係が特定できない，つまり LW で何らかの論理の破たんが既に導入部にあることが伺えた。

3.2.2 展開部

展開部では G1 と G2 がほぼ同じ傾向を見せ，かつトピックに特徴的な論理の展開が顕著であったが，いくつかの点で LW のみ有意に異なる傾向が見られた。以下，まず G1/2 について述べる。

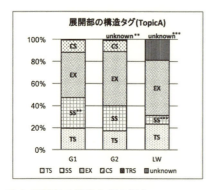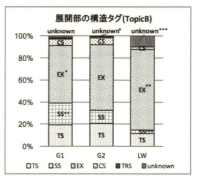

図 4. 展開部の構造タグの割合

表 6. 展開部の構造タグの並びと類型（単位%）

	Pattern		G1	G2	LW
1	TS-EX$^{1-\alpha}$	:パラグラフの最初にTSがありEXが続く	4 (7.1)	10 (21.3)	12 (37.5)
2	TS (-EX)-SS (-EX$^{1-\alpha}$)	:パラグラフの最初にTSがありSSがひとつある	18 (32.1)	12 (25.5)	4 (12.5)
3	TS (-EX)-SS^1 (-EX$^{1-2}$)-SS^2 (-EX$^{1-\alpha}$)	:パラグラフの最初にTSがありSSが二つある	6 (10.7)	3 (6.4)	1 (3.1)
4	TS (-EX$^{1-\alpha}$)-CS	:パラグラフの最後にCSがある	1 (1.8)	4 (8.5)	4 (12.5)
5	TS (-EX)-SS^1 (-EX$^{1-3}$)-CS	:パラグラフにSSが一つありかつ最後にCSがある	16 (28.6)	11 (23.4)	1 (3.1)
6	TS (-EX)-SS^1 (-EX$^{1-3}$)-SS$^{2-\alpha}$ (EX$^{1-\alpha}$)-CS	:パラグラフにSSが二つ以上ありかつ最後にCSがある	11 (19.6)	6 (12.8)	2 (6.3)
7	Others (TS only or noTS)	:その他（TSしかないもしくはTSがない）	0	1 (2.1)	8 (25.0)

表 7. 展開部の文間の論理関係

G1			G2			LW		
論理関係	数	割合(%)	論理関係	数	割合(%)	論理関係	数	割合(%)
詳述	55	18	詳述	51	20	unknown	31	19
理由	51	17	理由	37	15	詳述	29	18
影響・結果	33	11	影響・結果	27	11	理由	17	10
解釈	24	8	例証	18	7	例証	16	10
例証	21	7	解釈	17	7	影響・結果	16	10
全タグ計	306	100	全タグ計	250	100	全タグ計	164	100

　G1/2 の展開部の各パラグラフは，ほぼ 90%が TS，SS，EX で占められ（図 4 の G1/2 のグラフ参照），構造タグの並びと類型（表 6）では，TS を最初に置く Pattern 2 と，TS を最初に置きかつ最後に CS を置く Pattern 5 にほぼ二分された。論証文では与えられた命題に対し賛成・反対いずれかの立場を理由や根拠でもって読み手を説得する，つまり"詳述"することが求められるが，表 7 から明らかなとおり，論理関係では G1/2 いずれも"詳述"，"理由"，"影響・結果"の順で合計 36%(G1)と 46%(G2)を占め展開部で期待される内容になっている。

　特に注目に値すべきは各トピックに特徴的な論理関係，いわゆる Winter (1982) 及び Hoey (1983) が追及したプロトタイプ的な"論理の型"が見えてきた点である。図 5 はトピックに特徴的な論理の流れを単純化したものである。Topic A では第 1 文に TS があり，アルバイト賛成（反対）の"理由"が述べられ，SS と EX でその理由の"詳述"，もしくは具体的な"例証"（経験談など）が続く流れが典型的である（図 5-1 及び 5-2）。図 6-1 の例では，学生自身のアルバイト経験を具体例に出している。また，CS があるパターンでは（図 5-2 及び 5-3），前述の文脈からの"影響・結果"で終わっている例が多く見られた。図 5-3 のように，アルバイトをする場合としない場合の大学生活を"対比"させた説得力のある論理展開も見られ，図 6-2 の例では SS^1 と SS^2 がそのような"対比"の関係にある。

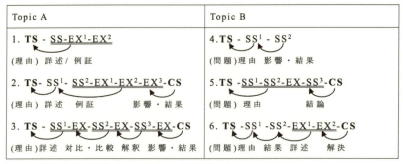

注. 同じ論理タグが付与できる場合は二重下線とした。

図5. Topic A (1-3) Topic B (4-6) の代表的な論理展開

	論理関係	[Topic A] 1. TS - SS - EX¹ - EX² - EX³ 　(理由)　　　例証
1	テクスト	(TS: THSの理由) Second, they can relate to the society before they graduate from school. (SS:例証) In my experience, when I started the part time job at restaurant, I could feel that I am the member of the society. (EX¹: 例証) I make money from customer by giving service. (EX²: 例証)Despite I was just given service before that, I make someone feel happy. (EX³:例証) That was a fantastic experience for me. [G1-8-p3]
	論理関係	[Topic A] 2. TS - SS¹ - EX - SS² - EX - SS - CS 　(理由)　詳述　評価　　結果 追加　結果 　　　　　　　　　対比・比較
2	テクスト	(TS: 理由) Finally, college students should have a part time job because they can have various relationships. (SS¹:詳述) Usually students have a lot of friends in their college or around their hometown, and their friends are often almost same age as them. (EX:評価) Of course it is good thing for college students to have many friends who are same generation as them; (SS²:対比) however, they can meet a lot of people who are very older than them through a part time job. (EX:結果) There are many things that students can learn from older people because (本文省略) ～ .(CS: 結果) Having various relationships is great thing for students.[G1-3-p4] (下線は筆者による)
	論理関係	[Topic B] 3. TS - SS¹ - SS² 　(問題)　理由　解決
3	テクスト	(TS: 問題) Secondly, all restaurants cannot provide spaces only for smoking persons. (SS¹:理由) Because the rules for smoking areas are not defined, many small restaurants do not have non-smoking areas or other some of them just separate the smoking areas or non-smoking areas. (SS²:TSとSSの解決)Therefore, if we can decide smoking should be completely banned, we do not need to discuss about the management of such restaurants. [G2-3-p3]

図6. 展開部の例 (G1/2)

一方 Topic B では，TS で喫煙の"問題"（煙草の害など）や禁煙すべき"理由"を提示したのち，SS で TS の"理由"や喫煙の問題から引き起こされる"結果"や"影響"を述べ（図 5-4），CS を伴う場合は"結論"または TS を再度述べ主張を"強調"する形で終わっている。"理由"をいくつかの SS で並列したり（図 5-5），TS に挙げた喫煙の問題を支持する"例証"や"詳述"が続く流れや，図 5-6 に見られるように，問題－理由－結果－解決の並びにより提示した問題の重大さを説明し，解決までを示した流れも見られた。図 6-3 の例は，図 5-6 の論理展開の一例である。

次に，LW の展開部は他のグループよりも SS の割合が極端に少なく（Topic A:7.5%, Topic B:3.2%），EX が多い（Topic A:49.1%, Topic B:73.0%）。つまり SS を置かずに TS からいきなり話題が展開するエッセイが多く，これは構造タグの並びと類型（表 6）の Pattern 1 が約 40%を占め，G1/2 に対し有意に多いことに繋がる（$p < .001$, Cramer's $V = .42$）。

また表 7 に見られるとおり，論理タグが不明で付与できない unknown タグの割合が高く両トピックで 19%に及ぶことが分かった。図 7 ではその一例として導入部（P1）と展開部（P2）の両方を記載し説明する。

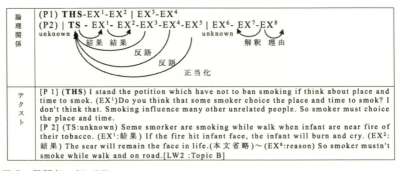

図 7. 展開部の例（LW）

この例では、書き手は、導入部（P1）の最初に「喫煙する場所と時間を考えるなら全面禁煙でなくても良い」という内容の主題文を置き、展開部（P2）で子供のいる状況を出して、「場所」を考慮すべき一例としている。しかし唐突な展開であり、導入部と展開部に論理的な関係がなく、展開部（P2）の TS の論理的位置付けが不明であり、読み手に負荷の高い展開となっている。その原因のひとつは、G1/2 に見られるようなエッセイ全体の方向性を示す ORG がないためと考えられる。同様の例は LW の他のエッセイにも多く見られることから、導入部に THS と ORG があるかどうかが、そのエッセイの成功を握る重要な鍵であることが伺える。

3.2.3　結論部

　G1/2 の結論部は Topic B の G2 以外は RTHS がほぼ 40%台を占める（図8）。また表 8 に見られるように主題文を最初に繰り返す Pattern 1 および 2 が有意に多い（$p < .001$, Cramer's $V = .42$）。また、将来への展望や提言などを示す KK も Topic A では両者に見られる。一方、LW では結論部まで書けていたエッセイのみ対象としたのだが（$n = 14$）、RTHS が極端に少なく（Topic A で 17.9%, Topic B では皆無）かつ EX の割合が多い。これは表 8 で Pattern 3　（RTHS 以外の TS, THS があるか TS もない）が 70%を占めていること（$p < .001$, Cramer's $V = .42$）、また表 9 において論理タグ unknown が 20%もあることから、LW のエッセイは結論部でありながら文章がまとまっていないのが分かる。

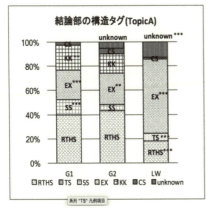
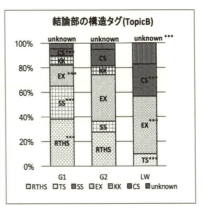

図8. 結論部の構造タグの割合

表8. 結論部の構造タグの並びと類型（単位%）

	Pattern	G1	G2	LW
1	RTHS-SS-EX$^{(1-\alpha)}$-CS/KK：パラグラフの最初にRTHSがありSSが一つある	8 (40)	13 (65)	3 (21.4)
2	RTHS-SS^1-EX/CS/KK：パラグラフの最初にRTHSがありSSが二つ以上ある	12 (60)	4 (20)	4 (28.5)
3	TS/THS (-SS/EX$^{1-\alpha}$/CS) or noTS：その他（RTHSがない、TSかTHSがあるまたはTSもない）	0	3 (15)	7 (50)

表9. 結論部の文間の論理関係

G1			G2			LW		
論理関係	数	割合(%)	論理関係	数	割合(%)	論理関係	数	割合(%)
繰り返し(強調)	20	33	繰り返し(強調)	18	31	unknown	10	20
要約	7	12	解釈	8	14	詳述	8	16
追加・補足	7	12	unknown	5	9	繰り返し(強調)	6	12
解決	6	10	結論	4	7	例証	5	10
理由	6	10	詳述	4	7	影響・結果	3	6
全タグ計	61	100	全タグ計	58	100	全タグ計	59	100

　以上，前述の2つの分析的枠組みを使用して，論証文の導入部から結論部までの論理構造・展開を見てきたが，グループ間で異なる特徴が明らかとなった。G1とG2はほぼ同じ論理の構造を持っており，特に展開

部ではトピックによる典型的なパターン展開が見られた。導入部の後半で書き手の主張と議論の方向付けを行い，各パラグラフは導入部で定めた内容の議論が展開し，結論部で再度，主題文を出してまとめている。つまり典型的な5パラグラフエッセイ[5]の論理構造である。また，展開部では与えられたトピックに応じた特徴的な論理展開が見られた。一方，LWは導入部の最初に主題文を置きつつも，議論の方向付けを行わないために，導入部または展開部で論理が破たんする傾向があり，思いつきの展開になっている点が否めない。パラグラフライティングを志向している授業であるにも関わらず論証文の「型」が入らないのは，要因として学生の「英語能力」「作文力」「作文経験」（Matsuda, 1997）が多いに関係し，語彙や構文などの産出に認知的負荷が大きいため論理構成にまで意識が及ばないと考えられる。特にG1/2とLWとでは英作文の経験が大きく作用していると考えられ，前者は留学時代に学んだ作文知識と量が今回の結果に反映していると推察される。LWの学生は一年を通じて論理構造を授業中に学び，知識としてはあっても英語力，作文経験ともに低いため「型」に入ったエッセイの産出に及ばないものと思われる。今回の結果からLWの学生にはまず，1パラグラフを単位としたより負荷の低いライティングから始めて徐々にエッセイへと移行していく必要があることが示唆されたことから，2015年度はこの流れで指導を行った。これについては別の機会に改めて報告したい。

おわりに

　本論では「分析的枠組み」の一部を用いて日本人大学生の英語論証文の論理構造・論理展開を分析した。論理構造の特徴を数量的にとらえ，論の流れを簡略的かつ視覚的に表すことができた点でこの枠組みの有用性は検証できたと思われる。しかし，今後のプログラム化のためには細

かい修正が必要である。また，枠組みの一部による今回の分析はあくま
で表層的な論理構造を示したに過ぎないため，枠組み 2)と 3)の分析と共
に，内容に踏み込んだ議論を更に行う必要がある。一部のタグ付けがで
きなかった箇所を論理の逸脱と見なした点においても分析が必要であろ
う。また学生の教育背景が今回の結果に及ぼした影響も考慮し，彼らの
属性の詳細や，授業で何を学んだかを調査し，日本人大学生の英文に特
徴的な論理の傾向，逸脱とその理由について総合的に探っていきたい。

注

1. Educational Testing Serviceの換算式（TOEICスコア × 0.348 + 296 = TOEFL
   PBTスコア）を利用し、TOEFL523点がTOEICの約650点になること、また
   上下の人数が当分になったため523点を採用した。
2. 日本語訳および説明は染谷泰正 (1994)「ライティングマラソン第15週：英
   文レポートの書き方とパラグラフライティングの技法」を参照した。
3. 特定の「構造タグ」及び「論理タグ」が付与できない場合にはunknownタ
   グを付した。unknownタグは論理破綻の要因を探る貴重な情報タグである。
4. 各グループのエッセイ毎に各構造タグの割合を計算し、平均化した。
5. 導入部(1)、展開部(通常3)、結論部(1)からなる5パラグラフの英文エッセイ
   の構造を指す。

参考文献

Carlson, L., & Marcu, D. (2001). *Discourse tagging reference manual*. ISI Technical
   Report. ISI-TR-545. [Online]. URL:http://www.isi.edu/~marcu/discourse/
   tagging-ref-manual.pdf#search='Discourse+Tagging+Reference+Manual

Dahlgren, K. (1988). *Naïve semantics for natural language understanding*. Boston,
   MA: Kluwer Academic Publishers.

Halliday, M. A. K., & Hasan, R. (1976). *Cohesion in English*. London: Longman.

Hinds, J. (1983). Contrastive rhetoric: Japanese and English. *Text, 3*, 183–195.

Hobbs, J. R. (1990). *Literature and cognition*. Menlo Park, CA: CSLI.

Hoey, M. (1983). *On the surface of discourse*. London: Allen and Unwin.

Hyland, K. (2005). Metadiscourse: Exploring interaction in writing. London:
   Continuum.

Jacobs, H. L., Zinkgraf, S. A., Wormouth, D. R., Hartfiel V. F., & Hughey, J.B.

(1981). *Testing ESL composition.* Rowely, MA:Newbury House.

Kaplan, R. (1966). Cultural thought patterns in intercultural education. *Language Learning, 16,* 1–20.

Kobayashi, H., & Rinnert, C. (2008). Task response and text construction across L1 and L2 writing. *Journal of Second Language Writing, 17,* 7–29.

Kubota, R. (1998). An investigation of L1-L2 transfer in writing among Japanese university students: Implication for contrastive rhetoric. *Journal of Second Language Writing, 7,* 69–100.

Mann, W. C., & Thompson, S. A. (1988). Rhetorical structure theory: Toward a functional theory of text organization. *Text, 8,* 243–281.

Matusda, P. K. (1997). Contrastive rhetoric in context: A dynamic mode of L2 writing. *Journal of Second Language Writing, 6,* 45–60.

Oshima, A., & Hougue, A. (2006). *Writing academic English.* New York: Pearson Education.

達川奎三 (2013).「英語教育における思考力の伸長と表現力の育成の在り方」『広島外国語教育研究』第16号, 1–19.

Winter, E. (1982). *Towards a contextual grammar of English.* London: Allen & Unwin.

山西博之・水本篤・染谷泰正 (2013). 「関西大学バイリンガルエッセイコーパスプロジェクト―その概要と教育研究への応用に関する展望―」『外国語学部紀要』第9号, 117–139.

Yamashita, M. (2015). An analysis of English argumentative essays written by Japanese university students based on four analytical frameworks to identify coherence breaks. *JACET Kansai Journal, 17,* 93–112.

保田幸子・大井恭子・板津木綿子 (2014). 「日本の高等教育における英語ライティング指導の実態調査」*JABAET Journal, 18,* 51–71.

Zamel, V. (1997). Toward a mode of transculturation. *TESOL Quarterly, 31,* 341–352.

※本論は「英語コーパス研究」第23号掲載の論文を英語コーパス学会の許諾のもと再掲したものである。

第 3 部
【資料編】

様式Ｓ－１－７　応募内容ファイル（添付ファイル項目）

基盤Ａ・Ｂ（一般）－1

研　究　目　的

本欄には、研究の全体構想及びその中での本研究の具体的な目的について、冒頭にその概要を簡潔にまとめて記述した上で、適宜文献を引用しつつ記述し、特に次の点については、焦点を絞り、具体的かつ明確に記述してください。（記述に当たっては、「科学研究費助成事業における審査及び評価に関する規程」（公募要領６６頁参照）を参考にしてください。）
① 研究の学術的背景（本研究に関連する国内・国外の研究動向及び位置づけ、応募者のこれまでの研究成果を踏まえ着想に至った経緯、これまでの研究成果を発展させる場合にはその内容等）
② 研究期間内に何をどこまで明らかにしようとするのか
③ 当該分野における本研究の学術的な特色・独創的な点及び予想される結果と意義

研　究　目　的（概要）※ 当該研究計画の目的について、簡潔にまとめて記述してください。

　本研究は、日本の大学におけるライティングの授業で学生が書いた英語・日本語のライティングのデータをコーパス化し、学生の英日言語能力・ライティング能力の発達に関する知見や指導・評価上の知見を得ることを目的とした「英日バイリンガルエッセイコーパス」プロジェクトである。
　このプロジェクトの目的は、
1. 複数の大学の学生が授業で作成する作文データを電子データ（＝コーパス）として蓄積し、
2. これをさまざまな角度から仔細に分析評価することにより、彼らの英語力の実態や英日ライティングにおける問題点を一層正確に把握し、
3. その成果を今後の大学での英語教育、ライティング教育に役立てようとするものである。

----

① 研究の学術的背景

1.1 日本の大学教育における問題・研究動機

　日本の大学英語教育においては「ライティング」に関する科目が必修・選択を問わず開講されている。そのような授業は学生の英文ライティング力の向上に寄与しているが、我々の知る限り、授業内で学生が書いた英文データは、各学期における指導と評価のためのみに用いられてきた。しかしながら、これらのデータは日本人大学生の英語力やライティング能力の実態を知るための貴重な情報を豊富に含んだものであり、これをより有効に活用することで、今後の英語教育・研究活動に大きく資することができる。このような観点から、日本国内の複数の大学の学生が提出するライティングデータをコーパス化し、それを分析し、研究成果を今後の教育・研究活動に利用するという試みは学術的意義が大いに期待される。これが学習者コーパス研究の動機である。

1.2 関連研究および「パラレルコーパス」としての本研究の特徴

　本研究と同種の学習者コーパス研究には、これまでにも名古屋大学の杉浦正利教授らによるNICE (Nagoya Interlanguage Corpus of English) Corpus プロジェクトや神戸大学の石川慎一郎教授らによる ICNALE (International Corpus Network of Asian Learners of English) Corpus プロジェクト、および東京外国語大学の投野由紀夫教授らによる ICCI (International Corpus of Crosslinguistic Interlanguage) Corpus プロジェクト等がある。これらは一定の成果を上げてきているが、従来の研究と本研究との最大の違いは、本研究ではあらかじめ定められた 13 のアカデミックなトピックについて、英語と日本語の両方の言語で書かれた―つまりパラレル (parallel)、あるいはバイリンガル (bilingual) な―エッセイを収集する点にある。
　従来の単一言語コーパス（主として英語コーパス）による研究では、学習者の抱えている問題点が第二言語学習者に特有の発達的な問題なのか、あるいは学習者の母語（第一言語）能力そのもの（＝基本的な認知能力や言語運用能力、および母語に影響された思考パターン等）に起因するものなのかが必ずしも明らかにされてこなかった。われわれが学生の指導に携わってきた上での直感とこれまでの観察によれば、学習者が抱えている問題の多くは、単に第二言語能力の発達的な問題ではなく（だとすれば第二言語の学習の進展または第二言語能力の発達に応じて問題は解決されていかなければならないが、実際には必ずしもそうではない）、むしろもっと複雑な問題を含んでいるように思われる。つまり、第二言語能力の発達と母語能力との相互作用的な関連の中で、学習者のライティング能力の発達を捉えていく必要性がある。そして、このような検討のためには、英日の大規模パラレル／バイリンガルコーパスの構築が前提となる。

基盤Ａ・Ｂ（一般）－2

研 究 目 的（つづき）

1.3 着想に至った経緯・これまでの研究成果

このような経緯から、われわれは、従来の単一言語コーパスに代わって、学習対象言語（英語）と学習者の母語（日本語）の 2 カ国語データからなる「パラレル（バイリンガル）エッセイコーパス」（暫定的に「英日バイリンガルエッセイコーパス」と呼ぶ）を作成することとした。

現在、研究代表者が勤務する大学の授業（1 年間の留学を経験した外国語学部 3 年次生約 200 名全員を対象とする「英語ライティング 2」）において、このような観点から英日 2 言語によるライティング課題を課し、パイロット的な指導とデータの収集に当たっている。また、当該授業に関する競争的学内研究費（平成 25 年度単年度）を獲得し、外部協力者との連携のもと、バイリンガルコーパスのデータ入出力インターフェイスを開発し、運用を開始している。

② 研究期間内に何をどこまで明らかにしようとするのか

日本の複数（5 大学）の大学の学生が提出する英語と日本語によるライティングデータをパラレルコーパス化することで、彼らが書くライティングにおける問題点を明らかにする。そして、その成果を公表することにより、大学でのライティング教育に還元するための知見を得る。具体的には、3 年間の研究期間において、以下の事柄に取り組む。

1. 国内 5 大学の学生が書く英語と日本語において、それぞれどのような特徴があり、両者はどのように連関しているか明らかにするための基礎資料として、英日パラレルコーパスを作成する。
2. 外部協力者との連携のもと、既に開発済みのデータの入出力インターフェイスに加えて、コーパスデータに対して子細な分析を行うことを可能にするシステム（データ検索および編集用プログラム）の開発を行う。
3. 前記 2 のプログラムを用い、研究代表者、分担者、協力者、本科研費で雇用予定の科研費研究員の連携のもと、コーパスデータに対するエラーのタグ付けおよび、様々な観点からの分析を行い、学生のライティングの特徴および問題点を明らかにする。
4. 分析結果から有効と思われる指導内容・方法を協議により策定し、それに基づいた明示的な指導実践を行うことで、効果を検証する。
5. 得られた成果を適宜公表し、批評・フィードバックを受けることで、コーパス、データ入出力インターフェイス、データ検索および編集用プログラム、指導法の普遍性・汎用性を高める。

③ 当該分野における本研究の学術的な特色・独創的な点及び予想される結果と意義

本研究で作成しようとするコーパスは、英日のデータが対をなす「パラレルコーパス」であることが先行研究との大きな相違点である。併せて、データには詳細な学習者属性（例えば、学生の自己申告による TOEFL の点数や海外生活歴など。また、必要に応じて大学での成績や受講済みの科目等のデータが追加可能）が付属している点、研究者が指導実践にも携わることから対象学習者を直接的に把握可能であるという点で、従来の学習者コーパス研究とは一線を画すものである。さらに、パイロット実践と併せて研究期間中に作成予定のコーパスの規模は、英語部分が約 300 万語、日本語部分が約 600 万字であり、先行研究と比しても最大規模のものとなる。

このような大規模パラレルコーパスに対して、独自のデータ検索・編集用プログラムを開発したうえで分析を行うことも大きな特色である。また、データの分析と指導法の策定において、英語ライティング、言語テスティング、語彙習得、第二言語習得（統語、形態素）、通訳翻訳、言語情報科学、といった多彩な専門を持ち、かつ各々の勤務先大学で実際にライティング指導を担当する教員（研究代表者・分担者・協力者）と、高い専門性を持つ英語・日本語ネイティブスピーカー（科研費研究員）が協働のうえ組織的に取り組む研究体制が取られる点も、本研究の特色である。

さらに、本研究により作成・開発される成果物（各種インターフェイス・システム）は、本研究プロジェクトチームに限らず広く研究者に公開する予定である。このことにより、他大学での教育研究上の目的における利用に役立てることができるようにする。それとともに、「パラレルコーパス」自体についても適当な時期をみて公開する予定である。この点で、本研究の成果がもたらす社会への貢献や波及効果は大きいものと期待できる。

203

基盤Ａ・Ｂ（一般）－３

研究計画・方法

　本欄には、研究目的を達成するための具体的な研究計画・方法について、冒頭にその概要を簡潔にまとめて記述した上で、平成
２６年度の計画と平成２７年度以降の計画に分けて、適宜文献を引用しつつ、焦点を絞り、具体的かつ明確に記述してください。
ここでは、研究が当初計画どおりに進まない時の対応など、多方面からの検討状況について述べるとともに、研究計画を遂行する
ための研究体制について、研究分担者とともに行う研究計画である場合は、研究代表者、研究分担者の具体的な役割（図表を用い
る等）、学術的観点からの研究組織の必要性・妥当性及び研究目的との関連性についても述べてください。
　また、研究体制の全体像を明らかにするため、連携研究者及び研究協力者（海外共同研究者、科研費への応募資格を有しない企
業の研究者、その他技術者や知財専門家等の研究支援を行う者、大学院生等（氏名、員数を記入することも可））の役割について
も記述してください。
　なお、研究期間の途中で異動や退職等により研究環境が大きく変わる場合は、研究実施場所の確保や研究実施方法等についても
記述してください。

研 究 計 画 ・ 方 法 （概要）　※ 研究目的を達成するための研究計画・方法について、簡潔にまとめて記述してください。

　３年間の研究期間において、「研究目的」に応じた以下の課題を段階的に遂行することにより、
日本人大学生の英日パラレルコーパスの構築とそれに基づいた知見を得ることを目指す。
1. 大学生が書く英語と日本語に関する英日パラレルコーパスのデータ収集（平成 26 年度）
2. コーパスデータを仔細に分析するためのシステム開発（平成 26 年度）
3. コーパスデータに対するエラーのタグ付け、特徴解明のための分析（平成 26～27 年度）
4. 効果的な指導内容・方法の策定、指導実践、効果検証（平成 27～28 年度）
5. 得られた成果の公表（コーパス、データ入出力インターフェイス、データ検索および編集用プ
　ログラム、分析結果、指導法等）による普遍性・汎用性の向上（平成 28 年度）

平成 26 年度

1. 大学生が書く英語と日本語に関する英日パラレルコーパスのデータ収集（平成 26 年度）

　研究代表者（1 名）、研究分担者（7 名）、研究協力者（2 名）の計 10 名（次々ページの研究体
制図参照）により、計画的なライティングデータを収集する。具体的には、研究代表者と研究協
力者の勤務大学における「英語ライティング 2」（1 年間の留学を経験した外国語学部 3 年次生約
200 名全員を対象）において、NICE (Nagoya Interlanguage Corpus of English) Corpus プロジェクトお
よび ICNALE (International Corpus Network of Asian Learners of English) Corpus プロジェクトで用い
られた 13 のトピックに対する英日のエッセイデータを通年で収集する（これは、平成 24 年から
のパイロット的なデータ収集から継続して行うものである）。併せて、研究分担者の勤務大学にお
いては、それぞれのカリキュラムやシラバスに基づくライティングの授業において、13 のトピッ
ク（または必要に応じて新たに追加するトピック）から選ばれた大学間で共通の複数のトピック
を用いて、英日のエッセイデータを収集する。その結果、英語部分が約 300 万語、日本語部分が
約 600 万字という国内における研究では最大規模の学習者コーパスの構築を目指す。

2. コーパスデータを仔細に分析するためのシステム開発（平成 26 年度）

　コーパスデータの効率的な収集のために、研究代表者の勤務大学の競争的学内研究費（平成 25
年度関西大学教育研究高度化促進経費）でデータ入出力インターフェイスを開発し、現在運用中
である。これは、オンライン上で、学生が指定されたトピックに関する英語と日本語のエッセイ
を作成・投稿するためのシステムである（図 1）。投稿された（または、研究者により別途一括ア
ップロードされた）エッセイは、語（字）数、センテンス数といった基礎的な集計値が自動計算
された上でデータベース化され、かつあらかじめ設定したパラメタ（各種データ属性）を指定す
ることにより任意のデータおよびサブコーパスの抽出・出力が可能である。

　本申請の研究計画では、初年度の平成 26 年度中に、このデータ入出力インターフェイスにより
収集したデータから特定の表現を検索したり、エラータグや論理タグ等の各種タグ付けをする
ための専用エディタ（データ検索および編集用プログラム）を開発することを目指す（図 2）。この
作業は、上記データ入出力インターフェイスを開発した専門業者（外部協力者）が引き続き担当
する予定である。なお、今回の申請ではプログラム作成の委託費として 3,000 千円を計上している
が、配分される研究費の額やプログラム仕様の変更（たとえばタグ付け後のデータの統計的な処
理の自動化プログラムの追加等）に応じて、検索プログラムと編集プログラムを切り離してそれ
ぞれ別個に発注・開発することもあり得る。

204

研究計画・方法（つづき）

図1．データ入出力インターフェイスのエッセイ作成用画面

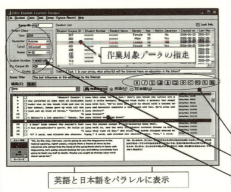

※データベースに収録されたデータから、あらかじめ設定した各種データ属性を指定することで任意のデータを抽出。このデータに対して、特定の表現を検索したり、エラータグや論理タグ等の各種タグ付けをするための専用エディタを開発。（註：左記はイメージを示したもので、実際のプログラムインターフェイスはこれとは異なる）。なお、検索プログラムと編集プログラムはそれぞれ別個に開発することもあり得る。

図2．データ検索および編集用プログラム（開発イメージ）

平成 27 年度以降

3. コーパスデータに対するエラーのタグ付け、特徴解明のための分析（平成 26～27 年度）

　蓄積された英日エッセイデータへのエラータグ付けおよび各種のアノテーション付与、エッセイの評価に関しては、平成 26 年後半～平成 27 年度末にかけて遂行する（ここでは便宜上、平成 27 年度以降の計画に記載する）。この作業の実施には、本科研費で雇用（「関西大学科研費研究員」制度）予定の、英語・日本語に対して高い専門的な知識を持つネイティブスピーカー4 名があたる。
　これと並行して、エラータグ付け等の作業を終えた部分について、研究代表者、分担者がそれぞれの専門的な観点からの分析を行い、学生のライティングの特徴および問題点を明らかにする。この分析には、例えば、ライティングにおける語彙力の同定、文法・統語上のエラーの同定、英語・日本語エッセイのライティングプロセスの特徴・傾向・差異の把握、文章構成上・修辞上の特徴把握、英語・日本語エッセイの評価結果の相関関係の把握、評価表（ルーブリック）の開発、エッセイ自動採点方法の検討などが含まれる。これらの分析結果は、研究期間中に順次、単独または共同で発表を行うことでプロジェクト外の研究者・授業者の意見を取り入れる。

基盤Ａ・Ｂ（一般）－5

研究計画・方法（つづき）

4. 効果的な指導内容・方法の策定、指導実践、効果検証（平成 27～28 年度）

　平成 27 年度後半に、上記 3 の計画によって得られた結果に基づき、研究代表者、分担者、協力者が協議により、有効と思われる指導内容・方法を策定する。それらに基づいた指導実践を、平成 28 年度の前半を中心に、それぞれが授業を担当する学生に対して実施する。指導内容・方法等に関する見直しや実践結果の集約を定期的に実施することにより効果を検証する。効果の検証の中には、客観的な指標、例えば TOEFL や TOEIC などのスコアといった観点も加える。その結果、より適切な内容・方法を模索するとともに、必要に応じて新たな観点からの分析を実施する。

5. 得られた成果の公表（コーパス、データ入出力インターフェイス、データ検索および編集用プログラム、分析結果、指導法等）による普遍性・汎用性の向上（平成 28 年度）

　平成 28 年度には、国際シンポジウムの開催により、「英日バイリンガルエッセイコーパス」プロジェクトの研究成果（コーパス、データ入出力インターフェイス、データ検索および編集用プログラム、分析結果、指導法）を公表する。併せて、科研費成果報告書を発行することで、プロジェクト外の研究者・授業者からの批評・フィードバックを広く受け入れる。このような所作を通して、本プロジェクトの普遍性・汎用性をさらに高めることを目指す。

専門業者（外部協力者）
［データ検索および編集用プログラムの開発委託］

科研費研究員 4 名
［エラータグ付け、アノテーション付与、エッセイ評価）］

関西大学内組織
研究代表者：山西博之
［統括、授業実践、データ収集・分析、外部協力者・科研費研究員の監督］
研究分担者：水本篤・染谷泰正
［授業実践、データ収集・分析、外部協力者・科研費研究員の監督］
研究協力者：菅井康祐・妻鳥千鶴子
［非常勤講師：授業実践、データ収集］

関西大学外組織
研究分担者：今尾康裕（大阪大学）、浦野研（北海学園大学）、
鎌倉義士・石原知英（愛知大学）、阿久津純恵（桜美林大学）
［授業実践、データ収集・分析］

図 3.研究組織図

　3 年間の研究は図 3 の組織図に基づいて行われる。研究組織の役割として、研究代表者の山西博之はプロジェクト全体の管理運営、およびデータの収集とライティング教育の観点からの分析を担当する。研究分担者のうち水本篤、今尾康裕、浦野研、鎌倉義士、石原知英、阿久津純恵は、エッセイデータの収集とともに、それぞれの専門分野（語彙、言語テスティング、第二言語習得、コーパス言語学、通訳翻訳）からのデータ分析を担当する。染谷泰正は、コーパス全体の設計を担当するとともに、プログラム細部の設計およびプログラム作成を委託する専門業者（外部協力者）との折衝に当たる。また、関西大学の山西、水本、染谷の 3 名は、コーパスへのエラータグ付けを含む各種アノテーション（情報付与）のスキーマ作成を行うとともに、実際にコーディングを行う関西大学科研費研究員（計 4 名の英語・日本語ネイティブスピーカーを雇用予定）の指導および管理を担当する。研究協力者の菅井康祐と妻鳥千鶴子は、関西大学非常勤講師としてデータの収集を行うとともに、新たな指導方法等の策定に当たる。

バイリンガルエッセイ投稿管理システム 使用説明書

バージョン 1.20 (2014/9)
設計・開発：Lago 言語研究所(LIL)

❖ 学生用投稿インターフェース

1. ログイン・ログアウト

1.1 ログイン

http://www.be-corpus.com/login/ にアクセスします。ユーザ名とパスワードはあらかじめ設定したものを履修生に通知してください。

ユーザ名について
ユーザ名には学生番号を利用します。関西大学の外国語学部の学生は「外」の代わりに G を、法学部の学生は「法」の代わりに H を使用します。また、ハイフン以降の数字は 0 詰め 4 けたで表します。例えば、学生番号が「外 13-1」の学生のユーザ名は「G13-0001」になります。他大学での利用については、大学ごとに大学識別コードを割り当てます。

パスワードについて
学生用のパスワードは全学生共通のものを使用します。管理者側でパスワードの変更を行う場合は、担当の先生方にメールでお知らせします。

ユーザ名またはパスワードが間違っている場合は以下のような表示が出ます。

207

1

初回利用時には、ログインすると利用登録の画面が表示されます。利用登録については、次のセクションで詳しく述べます。

利用登録が完了している2回目以降は、ログインするとトピック一覧が表示されます。トピックの順序はその学生が属するクラスのセッション順に並んでいます。トピック一覧については、3.1で詳しく述べます。

1.2 ログアウト

ログイン中は、すべての画面の右上にユーザ名とログアウトのリンクが表示されます。

[ログアウト]をクリックすると、確認のダイアログが表示されます

[ログアウト]をクリックすると、ログアウト完了の画面が表示されます。[もう一度ログイン]をクリックすると、1.1 のログインの画面に戻ります。

2. 利用登録

2.1 利用登録フォームの記入

初回利用時には利用登録の画面が表示されます。最初に利用登録の簡単な説明があり、次に同意事項の内容が表示されます。

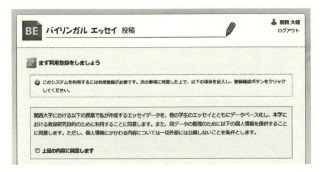

続けて、ユーザ名に一致する学生番号、学部、授業科目、クラス、氏名（漢字・ローマ字）が表示されます。その後に、年齢、性別、英語などの外国語の学習歴、各種英語検定試験の成績と受験年月を入力するフォームが表示されます。必須項目は*で示しています。

最後に英語と日本語に関する質問項目が表示されます。5 段階の選択肢はスライダーで入力します。

Q1. 日頃どのくらい 英語 を読んでいますか？ *

ほぼ毎日読む

■ ときどき読む

全く読まない

どんなものを読みますか？

Q2. 日頃どのくらい 英語 を書いていますか？ *

ほぼ毎日書く

■ ときどき書く

全く書かない

どんなものを書きますか？

Q3. 日頃どのくらい 英語 を聞いていますか？ *

ほぼ毎日聞く

■ ときどき聞く

全く聞かない

どんなものを聞きますか？

Q4. 日頃どのくらい 英語 を話していますか？ *

ほぼ毎日話す

■ ときどき話す

全く話さない

どこでどんな人と話しますか？

Q5. 日本語で エッセイやレポートを書くのは得意ですか？ *

とても得意

■ どちらでもない

とても苦手

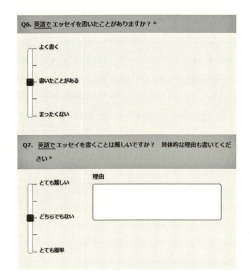

入力がすべて終わったら、入力した内容を確認するために、画面下の[登録を確認する]をクリックします。

2.2 登録事項の確認

[登録を確認する]をクリックすると、必須項目がすべて入力されているかをチェックします。未入力の項目があれば、入力画面に戻ってエラーを表示します。

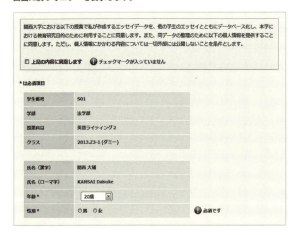

内容に問題がなければ、登録内容の確認画面に進みます。

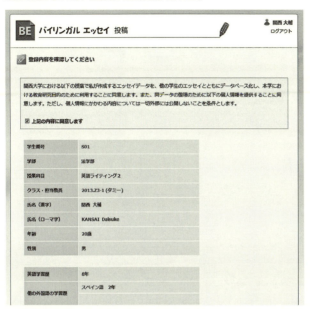

登録内容に間違いがなければ[登録する]を、修正する場合は[修正する]をクリックします。[修正する]をクリックすると、入力画面に戻ります。

[登録する]をクリックすると、登録完了の画面が表示されます。

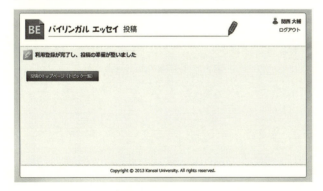

[投稿のトップページ（トピック一覧）]をクリックすると、トピック一覧画面が表示され、投稿可能な状態になります。

3. 投稿・閲覧

3.1 トピック一覧

利用登録完了後はログインすると、トピック一覧の画面が表示されます。トピックは学生の属するクラスのセッション順に表示されます。学生はまずその日のトピックにチェックマークを入れます。ここでは、セッション1の「学校教育について」にチェックマークを入れて、初版の[投稿する]をクリックしてみます。

3.2 初版のエッセイ作成

[投稿する]をクリックすると、初版のエッセイ作成画面が表示されます。

トピックのなかには、簡単なインストラクションが示されているものがありますので、書き始める前によく読んでください。

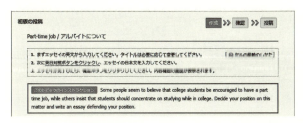

まず英文からパラグラフ単位で入力していきます。タイトルはデフォルトのタイトルが入りますので、必要に応じて変更してください（※以下、例として、学生さんが実際に書いたエッセイを使用させていただいています）。

画面上の利用解説の[セルの移動のしかた]をクリックすると、ヘルプ画面が表示されます。

1. まずエッセイの英文から入力してください。タイトルは必要に応じて変更してください。
2. 次に英日対照ボタンをクリックし、エッセイの日本文を入力してください。
3. エッセイが完了したら、確認ボタンをクリックしてください。内容確認の画面が表示されます。

[ⓘ セルの移動のしかた]

パラグラフ間のセルの移動には以下のようなキーが使用できます。

英文の入力が一通り終わったら、[英日対照]をクリックして、英文と日本文を左右に表示するモードに変更します。

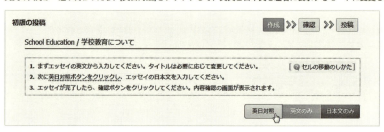

次に英文と同じ要領で、日本文をパラグラフ単位で入力していきます。

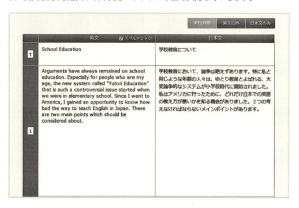

必要に応じて、[日本文のみ]をクリックして、日本文だけを表示して編集することもできます。

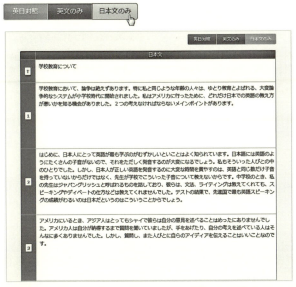

入力済みの英文の語数、日本文の文字数は入力中のパラグラフの右側に表示されます。

英文、日本文の両方の入力が終わったら、画面下の[確認する]をクリックします。

3.3 初版のエッセイの内容確認

クリックすると、エッセイの確認画面が表示されます。英文と日本文の統計値が表示されます。

英文の統計値の[語数]は、正確にはトークン数を表しています。語以外に句読点もカウントされています。そのため、作成画面で表示される語数とは一致しませんのでご注意ください。

英文、日本文のどちらかに空白のパラグラフがある場合は、ユーザに知らせます。

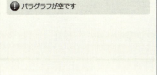

修正する箇所がなければ、[投稿の最終確認]をクリックします。修正する箇所があれば、[編集に戻る]をクリックして、エッセイ作成画面に戻ります。

3.4 初版のエッセイの投稿

[投稿の最終確認]をクリックすると、エッセイの投稿画面が表示されます。未完了のまま投稿する場合は、[未完了のまま投稿]にチェックマークを入れてから、[投稿]をクリックします。エッセイが完了している場合は、そのまま[投稿する]をクリックします。

[投稿する]をクリックすると、投稿完了の画面が表示されます。[トピック一覧に戻る]をクリックすると、トピック一覧の画面に戻ります。

トピック一覧に戻ったら、今投稿した「学校教育について」にチェックマークを入れてみます。初版を投稿すると、表示されるボタンの種類が変わり、以下のように、初版の[レビューコメントをつける]、初版の[閲覧する]、改訂版の[投稿する]のボタンが表示されます。

3.5 エッセイの投稿を中止する場合

選択するトピックを間違えたりして、エッセイの投稿を途中で中止する場合は、画面右下の［投稿をやめてトピック一覧に戻る］をクリックします。このボタンは、作成画面、確認画面、投稿画面のいずれの画面にも表示されますので、どの段階でも投稿を中止することができます。

確認のダイアログが表示されますので、トピック一覧に戻る場合は［トピックに戻る］を、キャンセルして表示中の画面に戻る場合は［キャンセル］をクリックします。［キャンセル］をクリックすると、入力中のデータはすべて失われますので注意してください。

3.6 レビューコメントの投稿

トピックを選んで、[レビューコメントをつける]をクリックします（このボタンは、すでにレビューコメントを投稿したトピックには表示されません）。

クリックすると、レビューコメントを入力する画面が表示されます。入力が終わったら、[投稿する]をクリックします。コメントの投稿をやめる場合は、[キャンセル]をクリックします。

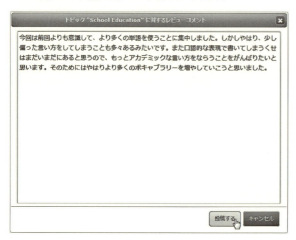

3.7 エッセイの閲覧

再び「学校教育について」にチェックマークを入れます。レビューコメントを投稿すると、今度は初版を[閲覧する]と、改訂版を[投稿する]のボタンが表示されますので、ここでは[閲覧する]をクリックします。

クリックすると、投稿した初版のエッセイが表示されます。

エッセイの表示画面の右上の［エッセイをダウンロードする］をクリックすると、エッセイを PDF ファイル形式でダウンロードすることができます。

Firefox の場合は、以下のようなダイアログが現れますので、ダウンロードしたファイルを Excel などで開くか、ローカルのディスクに保存するかを選びます。デフォルトのファイル名は「bilingual_essay.(学生番号).(セッション番号).(first_edition または revised_edition) .xls」になります。

画面下の[トピック一覧に戻る]をクリックすると、トピック一覧の画面に戻ります。

3.8 改訂版のエッセイの投稿（作成から投稿まで）

「学校教育について」にチェックマークを入れます。改訂版の[投稿する]をクリックします。（改訂版の［投稿する］ボタンは、初版が投稿されていないと表示されません）。

クリックすると、改訂版のエッセイ作成画面が表示されます。改訂版の作成画面では、初版のエッセイを参照しながら作成できるようになっています。それ以外の機能は、初版の作成画面と同様です。

改訂版の内容確認の画面も、初版と同様です。投稿画面では、［未完了のまま投稿］のチェックボックスは表示されません。

［投稿する］をクリックすると、投稿完了の画面が表示されます。

バイリンガルエッセイ投稿管理システム　追加機能

バージョン 1.40 (2015/2)
設計・開発：Lago 言語研究所(LIL)

❖ 教員用投稿管理インターフェース

6. 学生アカウントの追加

投稿管理のトップページの右側にある4つの機能（ボタン）を利用して、新年度の履修生のアカウントを追加することができます。このボタンが表示されるのはそれぞれの編集権限の与えらた教員のみです。

新年度のデータがまだ何もない状態では、以下のように、［新年度のトピックを追加する］と［教員アカウントを追加する］の2つのボタンのみが有効になっています。

新年度の学生アカウントを追加するときは、以下の1から4の順で登録作業を行います。

1. 新年度のトピックを追加する	新年度のトピックを編集・追加します。
2. 教員アカウントを追加する	新しい教員アカウントを作成します。前年度までにすでに登録している教員アカウントは新しい年度でもそのまま使用することができますので登録は不要です。
3. クラスを追加する	セッションごとのトピックを設定して、新しいクラスを追加します。新年度のトピックが追加された時点で利用することができるようになります。また、クラスを追加すると、その時点で、新年度のトピックの編集・追加はできなくなります。

4. 学生アカウントを追加する	クラスを指定して、学生アカウントを追加します。履修生のデータは履修者名簿（Excel ファイル）の所定の範囲をコピーして、設定画面に直接ペーストして読み込ませることができます。クラスを追加された時点で利用することができるようになります。また、履修生が利用登録した時点で、学生アカウントの編集・追加はできなくなります。

データの保護の観点から、教員アカウントとクラスについては追加のみに対応しています。誤ったデータを登録して、削除したい場合は、説明書の最後にあるお問い合わせ先にご依頼ください。

6.1 新年度のトピックの追加

投稿管理のトップページの［新年度のトピックを追加する］をクリックすると、以下の画面が表示されます。

以下のように、順に英語と日本語のトピックタイトルを入力してください。入力したデータは、セルを移動したときに自動的に保存されるようになっています。英語または日本語のいずれかのタイトルが空白になっている場合は、クラス追加画面のトピックリストに表示されませんので、必ず英語と日本語のタイトルの両方を入力してください。

トピックは最大 100 トピックまで設定できます。トピック ID の先頭（年度＋.00）は練習セッション用のものですので、通常はそのままにしておいてください。新年度のクラスを登録するまでは、トピックの内容を修正することも可能です。他の大学で別トピックを設定する場合は、トピック ID を離して登録しておくと区別しやすいです。例えば、A 大学用のトピックを 2015.21〜30 に、B 大学用のトピックを 2015.31〜40 に登録するというようにします。

6.2 教員アカウントの追加

トピックの追加が終わったら、教員アカウントを追加します。前年度までに登録済みの教員アカウントを再度登録する必要はありませんので、新年度から新たに担当することになった教員だけアカウントを追加します。投稿管理のトップページの［教員アカウントを追加する］をクリックすると、以下の画面が表示されます。

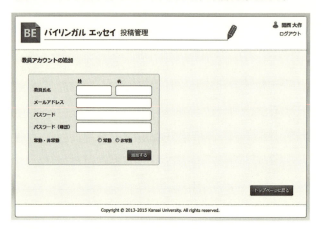

各項目を順に入力します。メールアドレスは投稿管理画面にログインする際のユーザ名になります。パスワードは 8 文字以上でアルファベットと数字を組み合わせてください。［常勤・非常勤］ではどちらかを選択してください。常勤を選ぶと、投稿管理システムですべてのクラスの投稿履歴を閲覧したり、エッセイをダウンロードしたりすることができます。他大学の教員のアカウントを作成するときは、非常勤の扱いにしてください。入力が終わったら、［追加する］をクリックしてください。

登録が完了すると、以下の画面が表示されます。教員アカウントをさらに追加する場合は、［教員アカウントをさらに追加する］をクリックしてください。

6.3 クラスの追加

トピックと教員アカウントの追加が終わったら、クラスを追加します。クラスを追加した時点で、トピックの編集・追加はできなくなりますので、クラスの追加は、トピックが確定してから行うようにしてください。投稿管理のトップページの［クラスを追加する］をクリックすると、以下の画面が表示されます。

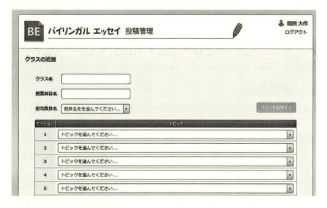

まず、クラス名と授業科目名を入力します。担当教員名はリストから選択してください。

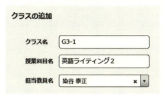

次にセッション１から順にトピックを選びます。トピックはリストから選択できるようになっています。もし、トピックリストに表示されないトピックがあれば、英語または日本語のタイトルが指定されていない可能性があります。いったんトップページに戻って、［新年度のトピックを追加する］をクリックして、入力していない箇所がないか確認してください。

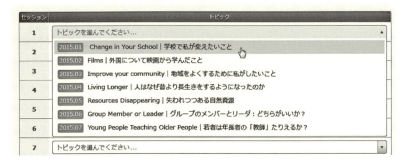

同じトピックを複数のセッションで指定したり、間のセッションを飛ばして入力した場合は、エラーが表示されますので、再度やりなおしてください。トピックがすべて指定できたら、［クラスを追加する］をクリックしてください。

クラスの追加が完了すると、以下の画面が表示されます。さらにクラスを追加する場合は、［クラスをさらに追加する］をクリックしてください。

6.4 学生アカウントの追加

クラスの追加が終わったら、最後に学生アカウントを追加します。投稿管理のトップページの［学生アカウントを追加する］をクリックすると、以下の画面が表示されます。

まず、クラス名をリストから選択します。クラスを選択すると、授業科目名と担当教員が表示されます。

クラスを選択すると、学生データの編集が可能になります。学生データは、履修生名簿からコピー＆ペーストすると、簡単に取り込むことができます。まず、履修生名簿を Excel で開きます。

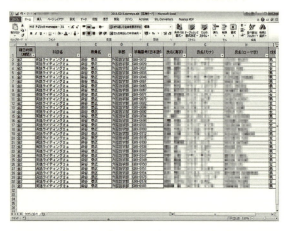

「学部」から「氏名(ローマ字)」までの部分をヘッダー行も含めて列ごと選択してコピーします。

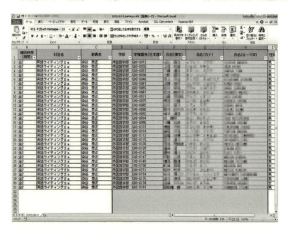

次に投稿管理システムに戻って、［学生データをアップロードする］をクリックします。

クリックすると、以下のようなデータアップロード用のダイアログが開きます。

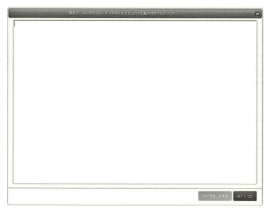

ここに先ほどコピーした Excel のデータを貼り付けます。テキストエリアで右クリックして［貼り付け］をクリックします。

データを貼り付けたら、［アップロードする］をクリックします。

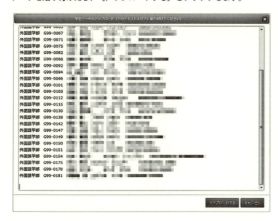

以下のように、学生データが表に読み込まれます。表は直接編集することもできます。また、別のExcelファイルから学生データをさらに追加してアップロードすることもできます。学生のデータを削除する場合は、右端の×ボタンをクリックしてください。

学生データの準備ができたら、［学生アカウントを保存する］をクリックします。学籍番号が重複していたり、空白の項目がある場合は、エラーが表示されますので入力し直してください。アカウントが保存されると、以下のような完了を示すダイアログが表示されます。

❖ 教員用投稿管理インターフェース

1. ログイン・ログアウト

1.1 ログイン

http://www.be-corpus.com/teacher/login/にアクセスします。以下の画面が表示されますので、ユーザ名とパスワードを入力し、［ログイン］ボタンをクリックします。ユーザ名にはメールアドレスを使用します。パスワードはあらかじめ通知したものをご使用ください。

ログインすると、投稿管理のトップページが表示されます。実行したい機能のボタンをクリックしてください。［トピックのインストラクションを編集する］というボタンは、編集権限の与えられた教員の方のみに表示されます。

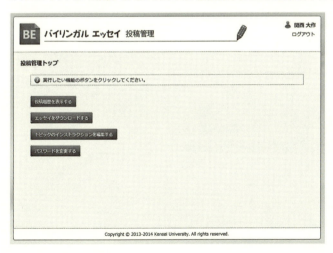

1.2 ログアウト

ログイン中は、すべての画面の右上にユーザ名とログアウトのリンクが表示されます。

[ログアウト]をクリックすると、確認のダイアログが表示されます

[ログアウト]をクリックすると、ログアウト完了の画面が表示されます。[もう一度ログイン]をクリックすると、1.1のログインの画面に戻ります。

2. 投稿履歴の表示

2.1 投稿履歴を表示する

投稿管理のトップページから［投稿履歴を表示する］をクリックします。画面左上の［クラス］から履歴を表示したいクラスを選びます。常勤の先生ではすべてのクラスの履歴が、非常勤の先生では担当クラスの履歴が表示できます。

履歴表のフッターにある番号はセッション番号を表しています。セッション番号をクリックすると、そのセッションの列にスクロールします。以下はセッション 3 をクリックしたときの画面です。

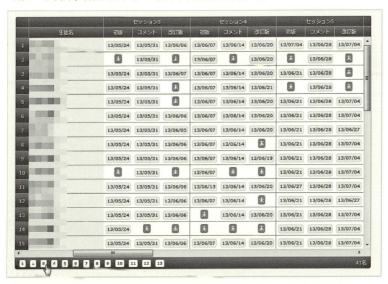

2.2 投稿履歴をダウンロードする

投稿履歴をダウンロードするときは、画面右上の［表示中の履歴をダウンロードする］をクリックします。投稿履歴は Excel ファイル（xls ファイル）の形式で保存できます。表示される画面はブラウザによって異なりますが、Firefox の場合は、以下のようなダイアログが現れますので、ダウンロードしたファイルを Excel などで開くか、ローカルのディスクに保存するかを選びます。デフォルトのファイル名は「バイリンガルエッセイ投稿履歴.（クラス名）.（ダウンロードした年月日）.xls」になります。

2.3 エッセイをダウンロードする

投稿履歴のリストから学生が投稿したエッセイを PDF ファイル形式で 1 編単位でダウンロードすることができます。学生名、セッション番号、版（初版または改訂版）からダウンロードしたいエッセイをえらび、薄緑色で表示された投稿日をクリックします。以下の図のようなメニューが現れますので、［エッセイダウンロード］をクリックしてください。

Firefox の場合は、以下のようなダイアログが現れますので、ダウンロードしたファイルを Excel などで開くか、ローカルのディスクに保存するかを選びます。デフォルトのファイル名は「bilingual_essay.（学生番号）.（セッション番号）.（first_edition または revised_edition）.xls」になります。

作業が終了したら、画面右下の［トップページに戻る］をクリックすると、投稿管理のトップに戻ります。

3. エッセイのダウンロード

投稿管理のトップページから［エッセイをダウンロードする］をクリックします。クリックすると、ダウンロード条件設定画面が表示されます。

まず、クラスを選択します。常勤の先生では全クラスのエッセイを、非常勤の先生では担当クラスのエッセイを選択することができます。

次に出力項目を選択します。それぞれの出力項目の詳細は以下の通りです。

■ 学生基本情報【必須】	学生番号，氏名（漢字），氏名（ローマ字），年齢，性別，学部，クラス
■ エッセイ	※ 3つのサブカテゴリーに分類しています
エッセイタイトル・本文・投稿日 【必須】	セッション，トピック番号，英文タイトル，日本文タイトル 初版投稿日，初版英文本文，初版日本文本文，改訂版投稿日，改訂版英文本文，改訂版日本文本文
統計値	英文（初版および改訂版）…トークン数，タイプ数，タイプ・トークン比，パラグラフ数，センテンス数，センテンス平均語数，パラグラフ平均語数，パラグラフ平均センテンス数、語彙レベル（JACET 8000による1000語単位のレベルの割合）、リーダビリティ指標（Flesch Readability Score (FRS)、Flesch–Kincaid Grade Level (FKGL)、Automated Readability Index (ARI)、Coleman-Liau Index (CLI)） 日本文（初版および改訂版）…文字数，センテンス数，パラグラフ数，センテンス平均文字数，パラグラフ平均センテンス数，パラグラフ平均語数
レビューコメント	レビューコメント投稿日、レビューコメント本文
■ 評価	英文…総合評価，文法，語彙，構成と論理展開，内容，評価者 日本文…総合評価，文法，語彙，構成と論理展開，内容，評価者
■ 学生プロファイル （利用登録での入力内容）	英語学習歴（年），他の外国語1学習歴（言語），他の外国語1学習歴（年），他の外国語2学習歴（言語），他の外国語学習歴（年），英検（級），英検取得年月，TOEICスコア，TOEIC受験年月，TOEFL ITPスコア，TOEFL ITP受験年月，TOEFL IBTスコア，TOEFL IBT受験年月，IELTSスコア，IELTS受験年月，英語圏での滞在，英語圏の滞在国，英語圏での滞在年，英語読む，何を読むか，英語書く，何を書くか，英語聞く，何を聞くか，英語話す，どこでだれと話すか，日本語エッセイは得意か，英文エッセイの経験，英文エッセイの難しさ，英文エッセイを書くのはなぜ難しいか

※英文［日本文］POS という項目には、品詞解析または形態素解析済みのテキストが入りますが、本バージョンでは実装していません。

4. トピックのインストラクションの編集

投稿管理のトップページから［トピックのインストラクションを編集する］をクリックします。このボタンは、編集権限を与えられた教員のみに表示されます。

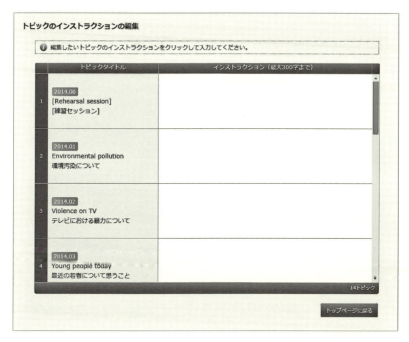

編集したいトピックのインストラクションをクリックすると入力が可能になります。インストラクションの最大文字数は300字です。別のトピックのインストラクションを選んだり、この画面から離れるときに編集した内容は自動的に保存されれます。

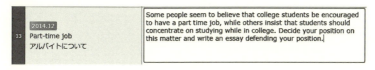

編集したインストラクションは、学生インターフェースの投稿の最初の画面の上部に表示されます。

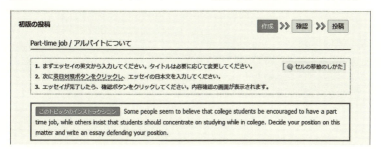

5. パスワードの変更

投稿管理インターフェースにアクセスするときのパスワードを変更することができます（ユーザ名の変更はできません）。投稿管理のトップページから［パスワードを変更する］をクリックします。

クリックすると、パスワード変更の画面が表示されます。現在のパスワードと新しいパスワードを入力して、［変更する］をクリックしてください。パスワードは半角8文字以上でアルファベットと数字を組み合わせてください。

万が一、パスワードが分からなくなった場合は、仮パスワードを発行しますので、下記の問い合わせ先までご連絡ください。

バイリンガルエッセイ分析システム
エラータグエディタ　使用説明書

バージョン 1.00 β （2014/10）
設計・開発：Lago 言語研究所(LIL)

1. 起動

バイリンガルエッセイ投稿管理システムにアクセスします。以下の画面が表示されますので、ユーザ名とパスワードを入力し、［ログイン］ボタンをクリックします。ユーザ名にはメールアドレスを使用します。パスワードはあらかじめ通知したものをご使用ください。

ログインすると、投稿管理のトップページが表示されます。［エラータグエディタを開く］のボタンをクリックします。

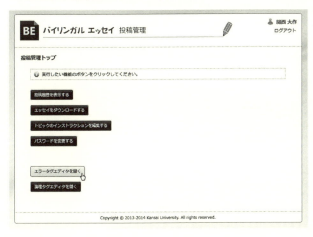

クリックすると、エラータグエディタの初期画面が表示されます。

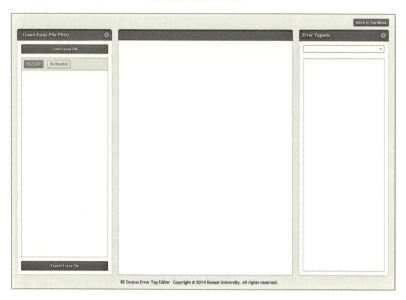

2. エッセイファイルのロード

2.1 新規エッセイファイルの作成

画面左上の［Load Essay File］ボタンをクリックすると、エッセイファイルのロードのウインドウが現れます。

新規エッセイファイルを作成するときは、[Create New Essay File]のタブをクリックします。

新規エッセイファイルは、以下の2つの方法で作成します。
(1) バイリンガルエッセイコーパスのデータベースからクラス単位で抽出する
(2) 教員用の投稿管理システムからダウンロードしたエクセルファイルを利用する

2.1.1 データベースからクラス単位で抽出する

この方法は、クラスの全履修生の全エッセイに対して、エラータグを付与するときに用います。[Extract essays directly from the corpus database]にチェックを入れて、その下のコンボボックスから対象となるクラスを選択します。

243　3

クラスが選択できたら、ファイル名を入力します。デフォルトではクラス名の後ろにその日の日付が入ります。必要に応じてファイル名を変更してください。

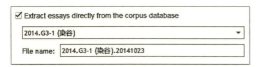

ファイル名が指定できたら、画面右下の[Create File]のボタンをクリックします。

ファイルの作成中は以下のような画面が表示されます。

しばらくするとファイルが作成されて、読み込んだエッセイ数が表示されますので、[OK]ボタンをクリックします。

ファイルの読み込みが完了し、左側にエッセイの一覧（エッセイパネル）が表示され、右側にエラータグセット（タグセットパネル）が表示されます。エラータグセットは、デフォルトで NICT JLE Corpus Tagset が選択されます。

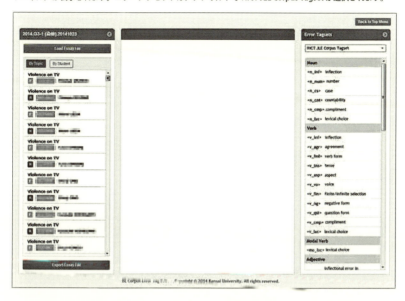

2.1.2 投稿管理システムからダウンロードした Excel ファイルを利用する

教員用の投稿管理システムからダウンロードした Excel ファイルをアップロードして、エラータグ付きのエッセイファイルを作成することができます。

まず、教員用の投稿管理システムのトップメニューから［エッセイをダウンロードする］をクリックします。

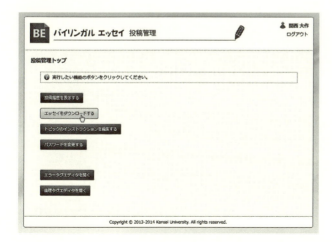

対象となるクラスと出力項目を選択して、［上記の条件でダウンロードする］をクリックします。

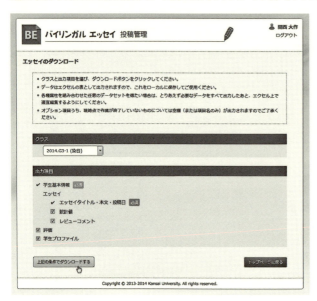

Firefox では以下のダイアログが表示されますので、［プログラムで開く］を選択して、[OK]をクリックします。

ダウンロードしたファイルが Excel で開かれます。フィルター機能などを用いて、エラータグを付けるエッセイを抽出します。以下の例では、トピック 12 の Part-time Job のエッセイのみを抽出しています（フィルタを用いて、トピック番号が 12 以外のものを表示し、それらの行を一括削除います）。このファイルを 2014.G3-1.topic12.xls という名前で保存します。

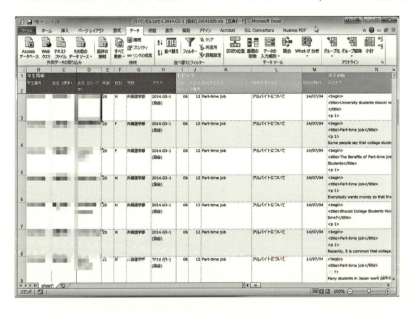

次に、エラータグエディタに戻り、[Load Essay File]をクリックします。次に、[Create New Essay File]のタブをクリックします。[Upload essay data (Excel format)]をクリックし、先ほど保存したファイルを選択します。ファイル名は必要に応じて変更してください。準備ができたら、[Create File]をクリックします。

ファイルの読み込みが完了すると、以下のように左側にエッセイのリストが表示されます。

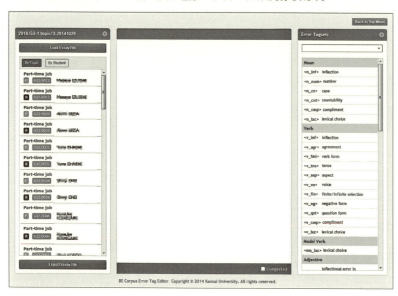

2.2 既存エッセイファイルの読み込み

作成済みのタグ付きエッセイファイルを開くときは、画面左上の［Load Essay File］ボタンをクリックし、エッセイファイルのロードのウインドウを開きます。[Open Existing Essay File]タブをクリックし、読み込みたいファイルを選択し、[Open File]ボタンをクリックするか、ファイル名をダブルクリックします。

3. エッセイパネルの操作

エッセイリストは、トピック順または学生順に並べ替えることができます。ファイルが読み込まれた直後の状態では、トピック順に並んでいます。[F]と[R]はそれぞれ初版、改訂版を表します。

並べ替えるときは、リストの上にあるトグルボタンをクリックします。

学生順に並べ替えると、以下のような表示に変わります。

エッセイリストのエッセイをクリックすると、中央のエディタに選択したエッセイが表示されます。

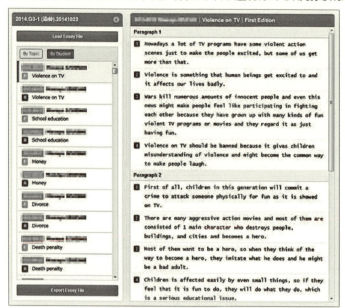

4. タグセットパネルの操作

右側のタグセットのパネルでは、エラータグセットの変更と選択中のタグセットの参照ができます。

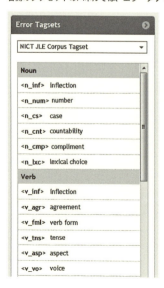

初期状態では、エラータグセットは NICT JLE Corpus Tagset が選択されています。他のタグセットに変更するときは、右側のタグセット一覧の上にあるコンボボックスから選択します。現段階では、NICT JLE Corpus Tagset と POS categorized Tagset の 2 種類から選択できます（タグセットを追加するインターフェースは、来年度の開発で追加する予定です）。

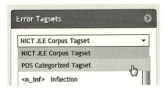

5. エディタの操作

中央のエディタパネルでは、エラータグの挿入や削除、コメントの挿入や編集などができます。

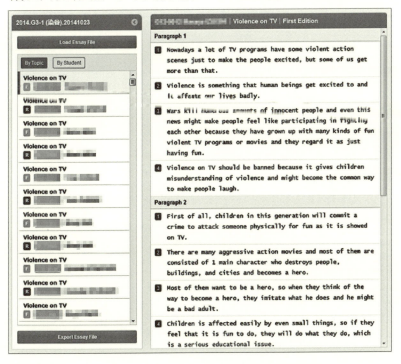

5.1 タグを挿入する語句の指定

タグを挿入するときは、まずタグを挿入する語句を選択します。1つの語を選択する場合は、その語をクリックします。範囲指定しなくてもしなくても、その語全体が選択されて、タグ選択のコンボボックスが表示されます。

複数の語を選択する場合は、開始位置の語から終了位置の語を範囲指定します。開始位置の語と終了位置の語は、語の途中から指定することができます。

5.2 タグの挿入

語句が指定できたら、タグ選択のコンボボックスからタグを選びます。コンボボックスはオートコンプリート機能が備わっていますので、タグの最初の一文字を入力すると、該当するタグが表示されます。

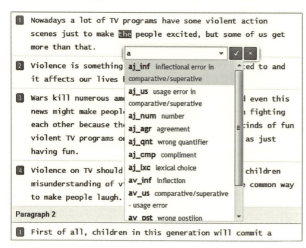

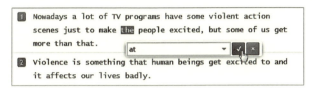

タグが選択できたら、[✔]ボタンをクリックするか、エンターキーを押します。タグの選択をキャンセルするときは、[×]ボタンをクリックするか、Esc キーを押します。

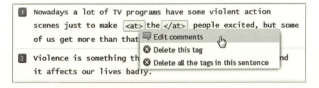

タグが挿入されると、選択した語句がエラータグで囲まれます。

5.3 コメントの挿入と編集

タグにコメントを挿入したり編集したりすることができます。開始タグまたは終了タグをクリックすると、以下のようなメニューが開きますので、[Edit comments]をクリックします。

コメントを入力する画面が表示されますので、コメントを入力して、[OK]ボタンをクリックします。

タグの上にマウスのカーソルを置くと、コメントが表示されます。

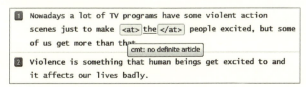

5.4 タグの削除

タグを削除するときは、開始タグまたは終了タグをクリックして、先ほどのメニューから、[Delete this tag]をクリックします。センテンス内のすべてのタグを削除するときは、[Delete all the tags in this sentence]をクリックします。

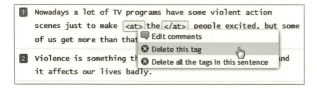

5.5 タグの自動保存

挿入したタグやそのコメントは、別のエッセイを表示したときなどに自動的に保存されるようになっています。タグ付けしたエッセイは、エッセイリストの右側にタグの個数が表示されます。

5.6 タグ付けの完了

タグ付けが完了したエッセイは、エディタパネルの右下の[Completed]にチェックマークを入れておきます。エッセイリストの右に完了を示す✔マークが入りますので、どのエッセイの作業が完了しているかがすぐに分かります。

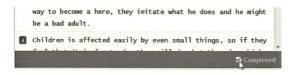

6. エラータグ付きのエッセイファイルのエクスポート

エラータグ付きのエッセイを Excel ファイルとしてエクスポートすることができます。エクスポートするときは、エッセイパネルの下にある[Export Essay File]をクリックします。

Firefox の場合、以下のようなダイアログが表示されますので、Excel で開くか、ファイルを保存するかを選択して、[OK]を
クリックします。

エラータグ付きエッセイの Excel ファイルでは、通常のエッセイデータのダウンロードファイルに、英文エラーという列が
加わります。

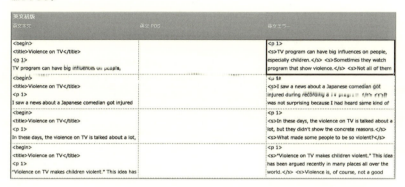

バイリンガルエッセイ分析システム
構造・論理タグエディタ　使用説明書

バージョン 1.11 （2016/5）
設計・開発：Lago 言語研究所(LIL)

1. 起動

バイリンガルエッセイ投稿管理システムにアクセスします。以下の画面が表示されますので、ユーザ名とパスワードを入力し、［ログイン］ボタンをクリックします。ユーザ名にはメールアドレスを使用します。

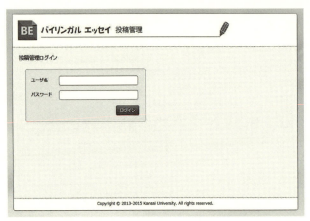

ログインすると、投稿管理のトップページが表示されます。［構造・論理タグエディタを開く］のボタンをクリックします。

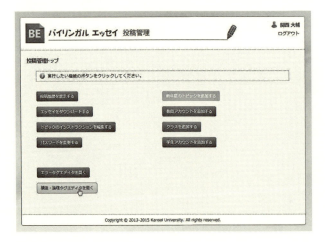

クリックすると、構造・論理タグエディタの初期画面が表示されます。

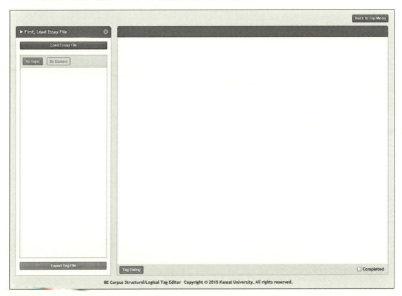

2. エッセイファイルのロード

2.1 新規エッセイファイルの作成

画面左上の［Load Essay File］ボタンをクリックすると、エッセイファイルのロードのウインドウが現れます。

新規エッセイファイルを作成するときは、［Create New Essay File］のタブをクリックします。

新規エッセイファイルは、以下の 2 つの方法で作成します。
(1) バイリンガルエッセイコーパスのデータベースからクラス単位で抽出する
(2) 教員用の投稿管理システムからダウンロードしたエクセルファイルを利用する

2.1.1 データベースからクラス単位で抽出する

この方法は、クラスの全履修生の全エッセイに対して、エラータグを付与するときに用います。［Extract essays directly from the corpus database］にチェックを入れて、その下のコンボボックスから対象となるクラスを選択します。

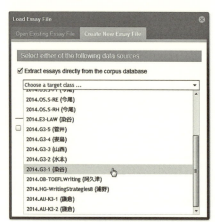

クラスが選択できたら、ファイル名を入力します。デフォルトではクラス名の後ろにその日の日付が入ります。必要に応じてファイル名を変更してください。

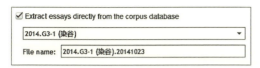

ファイル名が指定できたら、画面右下の［Create File］のボタンをクリックします。

ファイルの作成中は以下のような画面が表示されます。

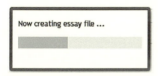

しばらくするとファイルが作成されて、読み込んだエッセイ数が表示されますので、［OK］ボタンをクリックします。

ファイルの読み込みが完了すると、左側にエッセイの一覧（エッセイパネル）が表示され、その右側に構造タグや論理タグを付与するためのエディタパネルが表示されます。

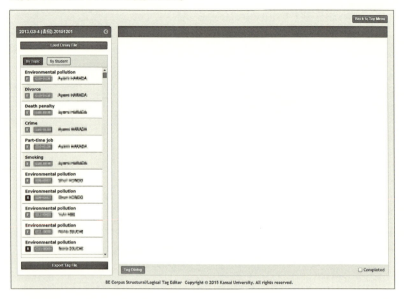

2.1.2 投稿管理システムからダウンロードした Excel ファイルを利用する

教員用の投稿管理システムからダウンロードした Excel ファイルをアップロードして、エラータグ付きのエッセイファイルを作成することができます。

まず、教員用の投稿管理システムのトップメニューから［エッセイをダウンロードする］をクリックします。

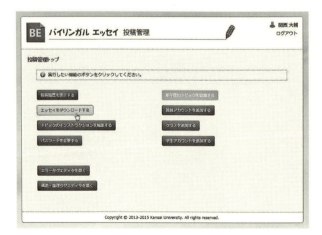

対象となるクラスと出力項目を選択して、［上記の条件でダウンロードする］をクリックします。

Firefox では以下のダイアログが表示されますので、［プログラムで開く］を選択して、［OK］をクリックします。

ダウンロードしたファイルが Excel で開かれます。フィルター機能などを用いて、エラータグを付けるエッセイを抽出します。以下の例では、トピック 12 の Part-time Job のエッセイのみを抽出しています（フィルタを用いて、トピック番号が 12 以外のものを表示し、それらの行を一括削除します）。このファイルを 2014.G3-1.topic12.xls という名前で保存します。

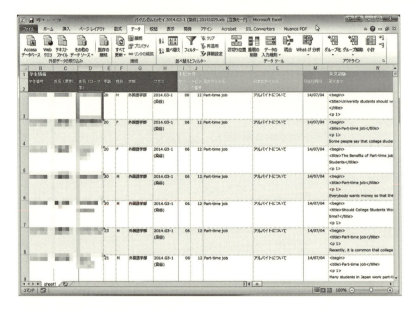

次に、エラータグエディタに戻り、［Load Essay File］をクリックします。次に、［Create New Essay File］のタブをクリックします。［Upload essay data (Excel format)］をクリックし、先ほど保存したファイルを選択します。ファイル名は必要に応じて変更してください。準備ができたら、［Create File］をクリックします。

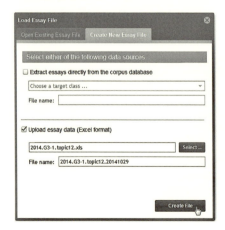

ファイルの読み込みが完了すると、以下のように左側にエッセイのリストが表示されます。

2.2 既存エッセイファイルの読み込み

作成済みのタグ付きエッセイファイルを開くときは、画面左上の［Load Essay File］ボタンをクリックし、エッセイファイルのロードのウインドウを開きます。[Open Existing Essay File] タブをクリックし、読み込みたいファイルを選択し、[Open File] ボタンをクリックするか、ファイル名をダブルクリックします。

3. エッセイパネルの操作

エッセイリストは、トピック順または学生順に並べ替えることができます。ファイルが読み込まれた直後の状態では、トピック順に並んでいます。［F］と［R］はそれぞれ初版、改訂版を表します。

並べ替えるときは、リストの上にあるトグルボタンをクリックします。

学生順に並べ替えると、以下のような表示に変わります。

エッセイリストのエッセイをクリックすると、右側のエディタに選択したエッセイが表示されます。

4. エディタの操作

エディタパネルでは、構造タグの挿入や変更、論理タグの挿入、変更、削除などの編集ができます。

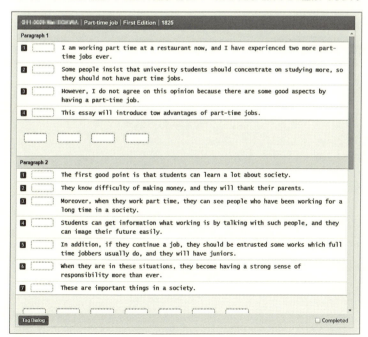

4.1 センテンスの分割

センテンスを節単位で区切る場合は、対象となるセンテンスをダブルクリックして、編集モードに移行します。

```
4  ┊    ┊ The aims are all different by each person, but most of college students work for
            making their life more enjoyable.
```

編集モードになると、センテンスは1行で表示されます。区切りたい位置にカーソルを置き、センテンス右下の［✔］ボタンをクリックします。分割せずにキャンセルする場合は、［×］ボタンをクリックします。

```
4  ┊    ┊ The aims are all different by each person, but most of college students work for maki  [✔][×]
5  ┊    ┊ For instance, for a trip, hobbies and buying what they want.
```

［✔］ボタンをクリックすると、以下のように、センテンスが but の前後で2つに分割されます。さらに分割するときはこの操作を繰り返します。

```
4  ┊    ┊ The aims are all different by each person,
5  ┊    ┊ but most of college students work for making their life more enjoyable.
```

センテンスを分割すると、そのパラグラフの論理タグはすべて消去されますので、センテンスの分割は、必ず論理タグを付与する前に行うようにしてください。

4.2 構造タグの付与

構造タグは、各センテンスの前にある点線で囲まれた四角の領域をクリックします。

```
1  ┊    ┊ I am working part time at a restaurant now, and I have experienced two more part-
            time jobs ever.
2  ┊    ┊ Some people insist that university students should concentrate on studying more, so
            they should not have part time jobs.
3  ┊    ┊ However, I do not agree on this opinion because there are some good aspects by
            having a part-time job.
4  ┊    ┊ This essay will introduce tow advantages of part-time jobs.
```

クリックすると、構造タグを選択するコンボボックスが表示されます。適当な構造タグを選択します。どのタグもアサインできない場合は NA タグを選択します。また、選択したタグに疑義がある場合は、そのタグの後ろに「?」マークを挿入することができます。構造タグを入力するダイアログの「?」ボタンを押し下げてから「✔」をクリックします。

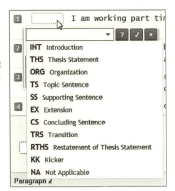

コメントを入れるときはコメント欄に記入します。入力が完了したら、［✔］ボタンをクリックします。編集をキャンセルするときは、［×］ボタンをクリックします。

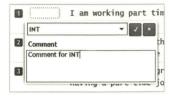

コメントがある場合は、タグ上にマウスをかざすとコメントが表示されます。

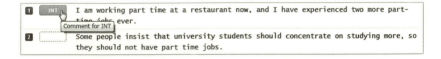

4.3 論理タグの挿入

構造タグの入力ができたら、次は論理タグの編集です。論理タグは各パラグラフごとに編集領域があります。

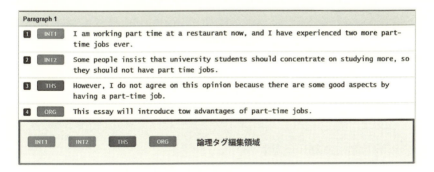

論理タグは、まず、起点となる構造タグから終点となる構造タグまでマウスをドラッグします。

終点となる構造タグでマウスを離すと、論理タグを選択するダイアログが表示されます。適当な論理タグを選択します。

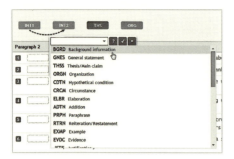

コメントを入れるときはコメント欄に記入します。入力が完了したら、［✔］ボタンをクリックします。編集をキャンセルするときは、［×］ボタンをクリックします。

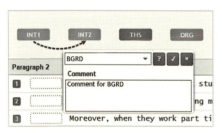

タグが挿入されると、選択した語句がエラータグで囲まれます。

コメントがある場合、論理タグの上にマウスをかざすとコメントが表示されます。

論理関係が明確でない場合には、論理タグの後ろに「?」マークを挿入することができます。論理タグを入力するダイアログの［?］ボタンを押し下げてから、［✔］クリックします。

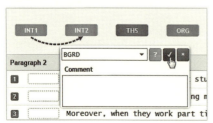

論理タグの後ろに「？」が挿入されて、矢印が点線で表示されます。

4.4 論理タグの変更と削除

論理タグを変更するときは、対象となる論理タグをクリックすると、タグとコメントを編集するダイアログが表示されます。

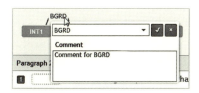

論理タグを削除するときは、対象となる論理タグの矢印をクリックすると、削除を確認するダイアログが表示されます。削除するときは［OK］ボタンをクリックします。削除をキャンセルするときは［Cancel］ボタンをクリックします。単独タグの場合は、矢印の代わりに丸印をクリックして削除します。

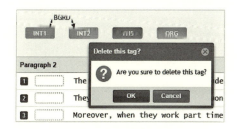

4.5 タグの自動保存

挿入した構造タグや論理タグ、またそののコメントは、別のエッセイを表示したときなどに自動的に保存されるようになっていますので、ユーザがデータを保存する必要はありません。

4.6 論理タグの制限

論理タグについては、以下のような制限があります。制限に超える操作を行った場合はエラーが表示されます。

1) タグは最大 10 階層までです。
2) 始点と終点が同じ、または始点と終点が逆の関係タグ（リンクのあるタグ）を複数の設定することはできません。
3) １つの構造タグに対して、左右それぞれの方向から最大４つの関係タグを付与することができます。ただし、片方の方向の関係タグが３つ指定されているとき、もう片方の方向からは指定できる関係タグは３つまでです。

4.7 タグリストの表示

編集中のエッセイのタグリストを表示することができます。エディタパネルの下の［Show Tag List］をクリックすると、タグリストのダイアログが表示されます。

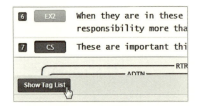

タグリストには、以下の3種類があります。
1) **S-Tags Only – Horizontal**…構造タグを横一列に表示したもの
2) **S-Tags Only – Vertical**…構造タグをパラグラフごとに改行したもの
3) **S-Tags and L-Tags**…構造タグと論理タグをセンテンスごとに表示したもの

●S-Tags Only – Horizontal

●S-Tags Only – Vertical

●S-Tags and L-Tags

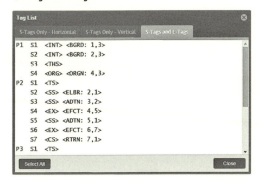

クリップボードに内容をコピーするときは、[Select All] をクリックしてから、[Ctrl-C] を押してください。

4.8 タグ付けの完了マーク

タグ付けが完了したエッセイには、エディタパネルの右下の [Completed] にチェックマークを入れておきます。エッセイリストの右に完了を示す✔マークが入りますので、どのエッセイの作業が完了しているかが一目で分かります。

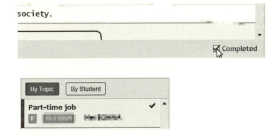

5. タグリストのエクスポート

エッセイファイルにあるすべてのエッセイのタグリストを Excel ファイルとしてエクスポートすることができます。エクスポートするときは、エッセイパネルの下にある [Export Tag File] をクリックします。ファイル名を指定するダイアログが表示されますので、ファイル名を指定して、[OK] をクリックします（表示されるダイアログはブラウザによって異なります）。

タグリストの Excel ファイルには、次の 3 つのシートが含まれます。
1) **S-Tags Only – Horizontal**…構造タグを横一列に表示したもの
2) **S-Tags Only – Vertical**…構造タグをパラグラフごとに改行したもの
3) **S-Tags and L-Tags**…構造タグと論理タグをセンテンスごとに表示したもの

●S-Tags Only – Horizontal の出力例

Essay ID	Student ID	Structural Tags
8233	G11-0029	<INT><INT><THS><ORG><TS><SS><SS><EX><SS><EX><CS><TS><SS><EX><EX><CS><RTHS><EX><EX><KK>

●S-Tags Only – Vertical の出力例

Essay ID	Student ID	Paragraph ID	Structural Tags
8233	G11-0029	1	<INT><INT><THS><ORG>
		2	<TS><SS><SS><EX><SS><EX><CS>
		3	<TS><SS><EX><EX><CS>
		4	<RTHS><EX><EX><KK>

●S-Tags and L-Tags の出力例

Essay ID	Student ID	Paragraph ID	Sentence ID	Structural Tag	Logical Tag
3102	G11-0029	1	1	INT	<BGRD: 1,2>
		1	2	INT	<BGRD: 2,3>
		1	3	THS	
		1	4	ORG	<ORGN: 4,3>
		2	1	TS	
		2	2	SS	<ELBR: 2,1>
		2	3	SS	<EFCT: 3,4>
		2	4	EX	
		2	5	SS	<ADTN: 5,3>
		2	6	EX	<CNCL: 6,7>
		2	7	CS	<RTRN: 7,1>

6. タグ画像の出力

編集中のエッセイのタグの画像を出力することができます。エディタパネルの下の［Output Tags in SVG Format］をクリックすると、別のウィンドウに HTML ファイルとして出力されます。

画像は SVG 形式で出力されますので、拡大しても画像が粗くなることはありません。コメントの付いた論理タグについては、パラグラフごとにタグ画像の下に、そのコメントが出力されます。

SVG output - Essay 8233

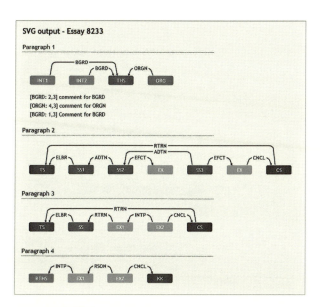

執筆者一覧（所属・肩書は2018年3月末現在）：

山西 博之（東京理科大学 理工学部 准教授）
　編集，第1章，第4章
水本 篤（関西大学 外国語学部・外国語教育学研究科 教授）
　第1章
染谷 泰正（関西大学 外国語学部・外国語教育学研究科 教授）
　第1章，第3章
今尾 康裕（大阪大学 言語文化研究科 准教授）
　第5章
浦野 研（北海学園大学 経営学部 教授）
　第6章
鎌倉 義士（愛知大学 国際コミュニケーション学部 准教授）
　第7章
石原 知英（愛知大学 経営学部 准教授）
　第8章
阿久津 純恵（東洋大学 ライフデザイン学部 講師）
　第9章
山下 美朋（立命館大学 生命科学部 講師）
　第2章，第10章
赤瀬川 史朗（Lago言語研究所 代表）
　各種システム使用説明書（資料2〜6）

大規模バイリンガルエッセイコーパスの構築と
データ分析のための各種システムの開発

2018年3月20日　発行

編　者　山西　博之

発行所　株式会社　溪水社
　　　　広島市中区小町 1-4（〒730-0041）
　　　　電話 082-246-7909　FAX 082-246-7876
　　　　URL: www.keisui.co.jp
　　　　e-mail: info@keisui.co.jp

ISBN978-4-86327-432-7　C3082